CHANSONS PATRIOTIQUES

LA MARSEILLAISE

Allons, enfants de la patrie,
Le jour de gloire est arrivé ;
Contre nous de la tyrannie
L'étendard sanglant est levé. *(bis)*
Entendez-vous dans les campagnes,
Mugir ces féroces soldats !
Ils viennent jusque dans vos bras.
Egorger vos fils et vos compagnes !

    Aux armes, citoyens,
    Formez vos bataillons ;
    Marchons, marchons,
    Qu'un sang impur
    Abreuve nos sillons !

Que veut cette horde d'esclaves,
De traîtres, de rois conjurés !
Pour qui ces ignobles entraves,
Ces fers dès longtemps préparés ? *(bis)*.

Français ! pour nous, ah ! quel outrage,
Quels transports il doit exciter !
C'est nous qu'on ose méditer
De rendre à l'antique esclavage
    (Aux armes !)

Quoi ! des cohortes étrangères
Feraient la loi dans nos foyers !
Quoi ces phalanges mercenaires
Terrasseraient nos fiers guerriers ! *(bis)*.
Grand Dieu, par des mains enchaînées,
Nos fronts sous le joug se ploieraient !
De vils despotes deviendraient
Les maîtres de nos destinées !
    (Aux armes !)

Nous entrerons dans la carrière
Quand nos aînés n'y seront plus ;
Nous y trouverons leur poussière
Et la trace de leurs vertus ! *(bis)*
Bien moins jaloux de leur survivre
Que de partager leur cercueil,
Nous aurons le sublime orgueil
De les venger ou de les suivre !
    (Aux armes !)

Tremblez, tyrans, et vous perfides,
L'opprobre de tous les partis !
Tremblez ! vos projets parricides
Vont enfin recevoir leur prix ! *(bis)*
Tout est soldat pour vous combattre ;
S'ils tombent, nos jeunes héros,
La France en produit de nouveaux,
Contre vous tout prêts à se battre.
    (Aux armes !)

Français, en guerriers magnanimes,
Portez ou retenez vos coups ;
Épargnez ces tristes victimes
A regret s'armant contre nous. *(bis)*
Mais ces despotes sanguinaires,
Mais les complices de Bouillé,
Tous ces tigres qui, sans pitié,
Déchirent le sein de leur mère !...
    (Aux armes !)

LES GIRONDINS

Par la voix du canon d'alarme,
La France appelle ses enfants.
Allons, dit le soldat, aux armes !
C'est ma mère, je la défends.

Mourir pour la patrie *(bis)*
C'est le sort le plus beau, le plus digne d'envie *(bis)*

Au seul bruit de sa délivrance
Les nations brisent leurs fers,
Et le sang des fils de la France
Sert de rançon à l'Univers.

Mourir pour la patrie *(bis)*
C'est le sort le plus beau, le plus digne d'envie *(bis)*

Nous, amis, qui loin des batailles,
Succombons dans l'obscurité,
Vouons, du moins, nos funérailles
A la France, à sa liberté !

Mourir pour la patrie *(bis)*
C'est le sort le plus beau, le plus digne d'envie *(bis)*

C'est à nous, mère, épouse, amante,
De donner, comme il plaît à Dieu,
La couronne au vainqueur qui chante,
Au martyr le baiser d'adieu.

Mourir pour la patrie *(bis)*
C'est le sort le plus beau, le plus digne d'envie *(bis)*

Le CHANT du DÉPART

Paroles de M. J. Chénier, Musique de Méhul.

Un député du peuple.

La victoire en chantant nous ouvre la barrière,
    La liberté guide nos pas,
Et, du Nord au Midi, la trompette guerrière
    A sonné l'heure des combats.
      Tremblez, ennemis de la France !
      Avides de sang et d'orgueil !
      Le peuple souverain s'avance ;
      Par nous, descendez au cercueil !

      Lorsque la gloire nous appelle,
      Sachons vaincre ou sachons périr ;
      Un Français doit vivre pour elle,
      Pour elle un Français doit mourir !

Une mère de famille.

De nos yeux maternels ne craignez pas les larmes ;
    Loin de nous de lâches douleurs !
Nous devons triompher quand vous prenez les armes
    C'est aux rois à verser des pleurs !
      Nous vous avons donné la vie,
      Guerriers ! elle n'est plus à vous ;
      Tous vos jours sont à la patrie :
      Elle est votre mère avant nous !

      Lorsque la gloire nous appelle, etc.

Deux vieillards.

Que le fer paternel arme la main des braves !
    Songez à nous, au champ de mars ;
Consacrez dans le sang des rois et des esclaves
    Le fer béni par vos vieillards ;
      Et, rapportant sous la chaumière
      Des blessures et des vertus,
      Venez former notre paupière
      Quand l'ennemi n'y sera plus !

      Lorsque la gloire nous appelle, etc.

De Barra, de Viala, le sort nous fait envie,
    Ils sont morts, mais ils ont vaincu.
Le lâche accablé d'ans, n'a point connu la vie !
    Qui meurt pour le peuple a vécu.
    Vous êtes vaillants, nous le sommes !
    Guidez-nous contre les tyrans ;
    Les bons citoyens sont des hommes,
    Les esclaves sont des enfants !

    Lorsque la gloire nous appelle, etc.

Une épouse.

Partez, vaillants époux, les combats sont vos fêtes,
    Partez, modèles de guerriers ;
Nous cueillerons des fleurs pour en ceindre vos têtes
    Nos mains tresseront vos lauriers !
    Et si le temple de mémoire
    S'ouvrait à vos mânes vainqueurs.
    Nos voix chanteront votre gloire,
    Nos flancs porteront vos vengeurs.

    Lorsque la gloire nous appelle, etc.

Une jeune fille.

Et nous, sœurs des héros, nous qui de l'hyménée
    Ignorons les aimables nœuds,
Si, pour s'unir un jour à notre destinée.
    Les citoyens forment des vœux,
    Qu'ils reviennent dans nos murailles,
    Beaux de gloire et de liberté,
    Et que leur sang dans les batailles
    Ait coulé pour l'égalité.

    Lorsque la gloire nous appelle, etc.

Le Rhin Allemand

CHANSON

poésie d'Alfred de Musset

Nous l'avons eu, nous l'avons eu
  Votre Rhin Allemand ;
Nous l'avons eu, nous l'avons eu
  Il a tenu dans notre verre,
  Un couplet qu'on s'en va chantant
  Efface-t-il la trace altière
Du pied de nos chevaux marqué dans votre sang ?
Nous l'avons eu, nous l'avons eu, nous l'avons eu,
  Votre Rhin allemand.

Nous l'avons eu, votre Rhin allemand.
  Son sein porte une plaie ouverte,
  Du jour où Condé triomphant,
  A déchiré sa robe verte.
Où le père a passé, passera bien l'enfant.

Nous l'avons eu, votre Rhin allemand.
  Que faisaient vos vertus germaines,
  Quand notre César tout-puissant
  De son ombre couvrait vos plaines ?
Où donc est-il tombé, ce dernier ossement ?

Nous l'avons eu votre Rhin allemand,
  Si vous oubliez votre histoire,
  Vos jeunes filles, sûrement,
  Ont mieux gardé notre mémoire ;
Elles nous ont versé votre petit vin blanc,

S'il est à vous, votre Rhin allemand,
  Lavez-y donc votre livrée ;
  Mais parlez en moins fièrement.
  Combien, au jour de la curée,
Etiez-vous de corbeaux contre l'aigle expirant ?
Qu'il coule en paix votre Rhin allemand ;
  Que vos cathédrales gothiques
  S'y reflètent modestement ;
  Mais craignez que vos airs bachiques
Ne réveillent les morts de leur repos sanglant.

AUX ARMES, CITOYENS

Paroles d'A. PHILIBERT et d'Hipp. CHATELIN

Air *de la France Guerrière.*

L'heure a sonné, le devoir nous appelle,
Français debout et face à l'ennemi,
Que la valeur dans vos yeux étincelle,
Bientôt son cœur de crainte aura frémi.
Entendez-vous là-bas le canon gronde.
La tyrannie arme tous ses suppôts.
Le roi Prussien veut asservir le monde !
Que son orgueil se brise à nos drapeaux.

Refrain.

Quand l'étranger nous déclare la guerre
Et que la France appelle ses soutiens,
Chacun se lève et devient volontaire
Criant : Aux armes ! citoyens.

Devant l'insulte et devant l'arrogance,
Chacun de nous sent la rougeur au front,
Nul citoyen ne peut, dans notre France,
Le supporter sans punir un affront.
Fiers du bon droit, avançons avec gloire,
Et vers le Rhin dirigeons nos efforts.
Ils sont nombreux ? mais après la victoire
Nous compterons les fuyards et les morts.

    Quand l'étranger, etc.

Allons enfants de la sainte patrie
Souvenez-vous de ces jours d'autrefois,
On tenant tête à l'Europe asservie
La République allait vaincre les rois.
A la venger la France vous convie,
Et fatigués de vos exploits nouveaux,
Si de marcher vous n'avez plus envie,
Vous reviendrez montés sur leurs vaisseaux,

    Quand l'étranger, etc.

Invocation.

O sainte paix ! ô liberté chérie !
Filles du ciel, écoutez notre voix ;
Donnez à tous une même patrie,
Daignez unir les peuples et les rois,
Et que maigré l'Orgueil et l'Ignorance,
Vils compagnons du plus obscur tyran,
Le bras puissant des fils de notre France
Ecrase enfin le dernier conquérant.

Qand l'étranger, etc.

TABLE

Alençon. — Imp. Lith. et Stér. Ch. Thomas.

CHANSONS

PATRIOTIQUES.

La France à genoux.

J'ai vu la France, éblouissant fantôme,
Épouvanter les peuples et les rois,
Et ses lauriers s'élevant comme un dôme
Servir de phare à l'univers sans lois.
Nouveaux Titans, vos mains lançaient la foudre,
Tout succombait, terrassé sous vos coups :
Français, par qui tout fut réduit en poudre,
Devant des nains vous courbez les genoux.

Votre drapeau, du haut des Pyramides,
A l'ancien monde en montrait un nouveau,
Plus grand que lui, devant qui les Numides,
Peuple déchu, fuyaient comme un troupeau.
Quatre mille ans, qu'évoquait la victoire,
Ont fait pencher la balance pour nous.
Quand le passé célèbre notre gloire,
Devant des nains vous courbez les genoux.

Fière Albion, tu tremblais dans ton isle ;
Au seul aspect de fragiles bateaux,
Et quand parfois sur la mer indocile
Ton pavillon rencontrait nos drapeaux,
Tu regagnais promptement ta tannière ;
Oui, tu fuyais un trop juste courroux.
Ne crains plus rien, les maîtres de la terre
Devant des nains ont courbé les genoux.

Levez vos fronts chargés d'ignominie,
Prenez l'essor, brisez tous vos liens ;
Entendez-vous la voix de la patrie ?
De votre mère, ah ! soyez les soutiens !

Partez , volez, noble et belle phalange,
Que tous vos droits soient reconquis par vous ;
La Liberté vous dépêche son ange,
Car c'est aux nains à courber les genoux.

Ecoutez-le, pour vous il prophétise,
Lui qui préside au ban de l'avenir ;
Sachez qu'il dit : Le joug enfin se brise.
Du peuple enfin tous les maux vont finir.
De son volcan, ne craignons plus les laves,
L'honneur, la paix vont nous réunir tous.
Plus de tyrans, mais aussi plus d'esclaves,
Les nains alors courberont les genoux.

F. SUIREAU.

Le Libéré du 35ᵉ.

Air du Vieux Caporal.

Elles changent, mes destinées :
Adieu, mon leste régiment ;
Enfin, grâce à mes huit années,
Je dépose le fourniment.
Reprenne qui veut du service,
Moi, la loi brise mes liens ;
Pour leur meurtrier exercice,
Morbleu ! je ne suis pas un Suisse !
Soldats français, non, citoyens,   (Bis.
Je ne veux pas frapper les miens.

Plus de passive obéissance,
Je suis libre ! libre ! Oh bonheur !
De votre métier de souffrance,
Hélas ! a déserté l'honneur.
Non plus d'honneur ! puisque nos armes
Ne frappent que nos plébéiens ;
Combien de fois, dans mes alarmes,
Mouillai-je mon fusil de larmes !
Soldats français , etc.

A regret quittant ma chaumine ;
Quand j'allai joindre nos drapeaux ;
Pour calmer mon humeur chagrine
On ne parlait que de héros :
Exaltant mon jeune courage,
Je croyais battre les Prussiens ;
Et, sur nos frères, du carnage
On fait l'horrible apprentissage !
Soldats français, etc.

Vieux troupiers de la république,
Oui, si clair semés parmi nous ;
L'honneur, dans la crise anarchique,
S'était réfugié chez vous.
Contre les étrangers farouches
Vous dirigiez vos biscayens :
Nous, si nous avons des cartouches,
Si la poudre noircit nos bouches,
Est-ce contre les Autrichiens ?
Non, non, soldats et citoyens,
Chacun de nous frappe les siens.

Peureux et cruels diplomates,
Abjurez vos projets si fous :
Serions-nous donc des automates,
Ou des tigres armés pour vous ?
Non.... peuple, du soldat qui t'aime,
Les vœux seront toujours les tiens :
Oui, l'armée est peuple, elle-même
N'est pas toute trente-cinquième :
Soldats français, etc.

A mes yeux tout se décolore :
Amis, parents, quel froid accueil !
Rassurez-vous, je peux encore
Vous regarder avec orgueil.
France, pour venger tes injures,
J'étais, je suis toujours des tiens ;
Mais pour soutenir les parjures,
De sang français mes mains sont pures !
Compagnons et concitoyens,
Je n'ai jamais frappé les miens.

L. M. PONTY.

Aux Puissants du jour.

Air : Il faut quitter l'empire.

Amis, l'heureux siècle où nous sommes !
Le brave ouvrier, Dieu merci !
N'est pas comme les autres hommes :
Persil l'a dit, et je le crois aussi.   (*Bis.*)
Riches, l'or, voilà votre affaire ;
Un artisan n'en fait pas si grands cas ;   (*Bis.*)
Il en veut juste pour son nécessaire :
Les ouvriers ne vous ressemblent pas.

Lorsqu'il voulut, ce roi parjure,
Nous faire tomber sous ses coups ;
Vengeurs de la commune injure,
Les ouvriers, hélas ! mouraient pour tous.
Déjà, vous, comme de esclaves,
Tous aux fers vous tendiez les bras
Ou vous étiez dans le fond de vos caves :
Les ouvriers ne vous ressemblent pas.

Pour profiter de la victoire,
Qui pourtant vous coûtait si peu,
Vous exaltiez alors leur gloire
En faisant naître le juste-milieu.
Il ne faisait que disparaître,
Ce tyran par eux mis à bas,
Que vous vouliez un nouveau maître :
Les ouvriers ne vous ressemblent pas.

Rampez, puisqu'il vous faut des chaînes !
Mais vous ne les tromperez plus,
Ces hommes, l'objet de vos haines,
Qui de vos rangs maintenant sont exclus.
Las ! ils firent trop bonne école
Pour mordre encore à vos appâts.
La liberté sera leur seule idole :
Les ouvriers ne vous ressemblent pas.

A. T., prolétaire,

Dont le pain dépend du silence.

CHANSONS

PATRIOTIQUES.

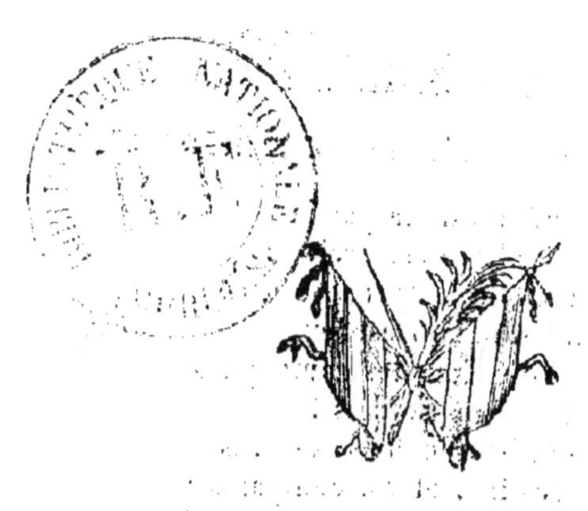

DOUAI,
LIBRAIRIE ADOLPHE OBEZ,
Rue de Bellain, 4.

1848.

LA MARSEILLAISE.

Chant patriotique et national.

Allons , enfants de la patrie ,
Le jour de gloire est arrivé :
Contre nous de la tyrannie
L'étendard sanglant est levé.   *bis.*
Entendez vous dans les campagnes
Mugir ces féroces soldats !
I's viennent jusque dans vos bras
Égorger vos fils, et vos compagnes.
Aux armes, citoyens, formez vos bataillons ;
          Marchons ,
          Marchons ,
Qu'un sang impur abreuve nos sillons.

Que veut cette horde d'esclaves ,
De traîtres, de rois conjurés ?
Pour qui ces ignobles entraves,
Ces fers dès long temps préparés.   *bis.*
Français, pour nous, ah ! quel outrage]
Quels transports il doit exciter !
C'est nous qu'on ose méditer
De rendre à l'antique esclavage !
Aux armes, citoyens, formez vos bataillons ;
          Marchons ,
          Marchons ,
Qu'un sang impur abreuve vos sillons.

Quoi ! des cohortes étrangères
Feraient la loi dans nos foyers !
Quoi ! ces phalanges mercenaires
Terrasseraient nos fiers guerriers !　　*bis.*
Grand Dieu ! par des mains enchaînées
De vils despotes deviendraient
Les maîtres de nos destinées !
Aux armes, citoyens, formez vos bataillons ;
　　　　Marchons,
　　　　Marchons,
Qu'un sang impur abreuve nos sillons.

Tremblez, tyrans, et vous perfides,
L'opprobre de tous les partis ;
Tremblez ! vos projets parricides
Vont enfin recevoir leur prix :　　*bis.*
Tout est soldat pour vous combattre :
S'ils tombent, nos jeunes héros,
La terre en produit de nouveaux
Contre vous tout prêts à se battre.
Aux armes, citoyens, formez vos bataillons ;
　　　　Marchons,
　　　　Marchons,
Qu'un sang impur abreuve nos sillons.

Français, en guerrier magnanimes,
Portez ou retenez vos coups ;
Epargnez ces tristes victimes
A regret s'armant contre nous :　　*bis.*
Mais ces despotes sanguinaires,
Mais les complices de Bouillé,
Tous ces tigres qui sans pitié
Déchirent le sein de leurs mères.
Aux armes, citoyens, formez vos bataillons ;
　　　　Marchons,
　　　　Marchons,
Qu'un sang impur abreuve nos sillons.

AMOUR SACRÉ de la Patrie,
Conduis, soutiens nos bras vengeurs :
Liberté, liberté chérie,
Combats avec tes défenseurs :　　*bis.*
Sous nos drapeaux que la victoire

Accoure à tes mâles accents :
Que tes ennemis expirants
Voient ton triomphe et notre gloire.
Aux armes, citoyens, formez vos bataillons ;
Marchons,
Marchons,
Qu'un sang impur abreuve nos sillons.

COUPLET DES ENFANTS.

Nous entrerons dans la carrière
Quand nos aînés n'y seront plus :
Nous y trouverons leur poussière
Et la trace de leurs vertus ;   *bis.*
Bien moins jaloux de leur survivre
Que de partager leur cercueil,
Nous aurons le sublime orgueil
De les venger ou de les suivre.
Aux armes, citoyens, formez vos bataillons ;
Marchez,
Marchez,
Qu'un sang impur abreuve nos sillons.

ROUGET DE LISLE.

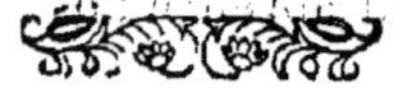

LE CHANT DU DÉPART.

La victoire en chantant nous ouvre la barrière,
La liberté guide nos pas ;
Et du Nord au Midi, la trompette guerrière
A sonné l'heure des combats.
Tremblez, ennemis de la France !
Rois ivres de sang et d'orgueil !
Le peuple souverain s'avance ;
Tyrans, descendez au cercueil !
La république nous appelle,
Sachons vaincre ou sachons périr ;
Un Français doit vivre pour elle,
Pour elle un Français doit mourir !

Une Mère de Famille.

De nos yeux maternels ne craignez pas les larmes ,
    Loin de nous de lâches douleurs !
Nous devons triompher quand vous prenez les armes;
    C'est aux rois à verser des pleurs !
    Nous vous avons donné la vie ,
    Guerriers , elle n'est plus à vous :
    Tous vos jours sont à la patrie :
    Elle est votre mère avant nous.
    La république nous appelle ,
    Sachons vaincre ou sachons périr ;
    Un Français doit vivre pour elle ,
    Pour elle un Français doit mourir !

Deux Vieillards.

Que le fer paternel arme la main des braves !
    Songez à nous , au Champ de Mars :
Consacrez dans le sang des rois et des esclaves
    Le fer béni par vos vieillards ;
    Et , rapportant sous la chaumière
    Des blessures et des vertus ,
    Venez fermer notre paupière
    Quand les tyrans ne seront plus !
    La république nous appelle ,
    Sachons vaincre ou sachons périr ;
    Un Français doit vivre pour elle ,
    Pour elle un Français doit mourir !

Un Enfant.

De Barra , de Viala , le sort nous fait envie ;
    Ils sont morts , mais ils ont vaincu,
Le lâche accablé d'ans n'a point connu la vie :
    Qui meurt pour le peuple a vécu.
    Vous êtes vaillants , nous le sommes ,
    Guidez-nous contre les tyrans ;
    Les républicains sont des hommes ,
    Les esclaves sont des enfants !
    La république nous appelle ,
    Sachons vaincre ou sachons périr ;
    Un Français doit vivre pour elle ,
    Pour elle un Français doit mourir !

Une Épouse.

Partez, vaillants époux, les combats sont vos fêtes :
    Partez, modèles des guerriers ;
Nous cueillerons des fleurs pour en ceindre vos têtes
    Nos mains tresseront vos lauriers ;
      Et, si le temple de mémoire
      S'ouvrait à vos mânes vainqueurs,
      Nos voix chanteront votre gloire,
      Nos flancs porteront vos vengeu s.
      La république nous appelle,
      Sachons vaincre ou sachons périr ;
      Un Français doit vivre pour elle,
      Pour elle un Français doit mourir !

Une Jeune Fille.

Et nous, sœurs des héros, nous qui de l'hyménée
    Ignorons les aimables nœuds ;
Si, pour s'unir un jour à notre destinée,
    Les citoyens forment des vœux,
      Qu'ils reviennent dans nos murailles,
      Beaux de gloire et de liberté,
      Et que le sang, dans les batailles,
      Ait coulé pour l'égalité.
      La république nous appelle,
      Sachons vaincre ou sachons périr ;
      Un Français doit vivre pour elle,
      Pour elle un Français doit mourir !

Trois Guerriers.

Sur le fer devant Dieu, nous jurons à nos pères,
    A nos épouses, à nos sœurs ;
A nos représentants, à nos fils, à nos mères,
    D'anéantir les oppresseurs,
      En tous lieux, dans la nuit profonde,
      Plongeant l'infâme royauté,
      Les Français donneront au monde
      Et la paix et la liberté !
      La république nous appelle,
      Sachons vaincre ou sachons périr ;

Un Français doit vivre pour elle,
Pour elle un Français doit mourir !

M. J. CHÉNIER.

SOUVENIRS D'UN VIEUX SOLDAT.

Chant patriotique.

Vous souvient-il de notre vieille armée,
Disait un jour un soldat d'autrefois,
A la phalange imprudemment armée
Contre le peuple et ses plus nobles droits.
Vous souvient-il de notre ancienne gloire,
Vous souvient-il de nos sanglants succès,
Imitez-nous, courez à la victoire,   } bis.
Mais sur le peuple, ah ! ne tirez jamais.

Vous souvient il des hordes étrangères
Se repliant sous les murs de Berlin ;
Vous souvient-il qu'à la voix de vos frères,
L'on vit crouler les voûtes du Kremlin.
Vous souvient-il que la fière Ibérie
Baigna son sang dans notre sang français.
Imitez-nous, mourrez pour la patrie,   } bis.
Mais sur le peuple, ah ! ne tirez jamais.

Vous souvient-il de ce jour où la France
Vit moissonner la fleur de ses soldats,
Du dernier cri que jeta leur vaillance :
La garde meurt, mais elle ne se rend pas !
Bientôt après les yeux baignés de larmes,
Dans nos foyers nous rentrâmes en paix.
Imitez-nous, soldats, brisez vos armes,   } bis.
Mais sur le peuple, ah ! ne tirez jamais.

Vous souvient-il de la brillante aurore
Dont le soleil éclaira trois grands jours. (1)
Dans le présent, trois grands jours sont encore (2)
Jours de terreur pour les rois et leur cour.
Aux souvenirs des lâches impostures
Dont on berça les crédules Français.
Imitez-nous, tirez sur les parjures,   } bis.
Mais sur le peuple, ah! ne tirez jamais.

A vos enfants, sous le chaume paisible,
Léguant un jour votre glaive rouillé,
Vous leur direz que toujours invincible,
De sang français il ne fut point souillé,
Puis, les armant du mousquet de leur père,
Vous leur direz : enfants, soyez Français.
Imitez-nous, vengez tant de misère,   } bis.
Mais sur le peuple, ah! ne tirez jamais.

(1) 27, 28 et 29 juillet 1830.
(2) 22, 23 et 24 février 1848.

Douai. — Imprimerie D. Ceret-Carpentier.

CHANSONS PATRIOTIQUES.

LE RÉPUBLICAIN.

Un jour mon voisin qui se pique
De parler de tout savamment,
Me dit, en fait de politique,
Dites-moi votre sentiment :
Eh bien ! oui, je vous l'avoue,
Je veux le peuple souverain,   } (*bis.*)
Que l'on me blâme, qu'on me loue,
Voyez, je suis Républicain.

Mon voisin, à ce mot terrible,
De moi s'éloigne de trois pas ;
Je ne suis point un être horrible,
Lui dis-je, ne me fuyez pas ;
Qu'ai-je donc qui vous effarouche ?
Je crois avoir d'un corps humain,
Les yeux, les oreilles, la bouche,
Pourtant je suis Républicain.

Enfin, il faut que je le dise :
Quelques vertus ornent mon cœur ;

Je suis bon, j'ai de la franchise,
Et je suis un homme d'honneur ;
Je soulage aussi la misère
Du pauvre qui me tend la main ;
A Dieu j'adresse la prière,
Pourtant je suis Républicain.

De mon pays, on peut m'en croire,
Je voudrais la prospérité.
Je suis fier de vingt ans de gloire,
Dont un grand homme l'a doté :
Quand la trahison mit la France
En proie au Sarmate, au Germain,
J'étais plongé dans la souffrance ;
Pourtant je suis Républicain.

Aux bonnes lois toujours docile,
De tous je respecte les droits ;
J'abhorre la guerre civile,
Plus terrible encor que les rois.
Je vois, malgré mon infortune,
Le bien du riche avec dédain,
D'autrui ne veux richesse aucune ;
Pourtant je suis Républicain.

Oui, je hais l'aristocratie ;
L'Eternel nous a fait égaux ;
Le peuple éprouvé dans son inertie,
Par elle fut comblé de maux.
Place aux vertus, place au mérite,
Place à l'orateur écrivain,
Qui le bien du pays médite,
C'est le vœu du Républicain.

LES DROITS DE L'HOMME.

Peuple français, ennemi des tyrans,
Le glaive en main montre-toi dans la lice.
Vingt nations viendront grossir tes rangs ;
La force enfin doit vaincre l'artifice.
Ton bras puissant affranchit à la fois
Vienne, Berlin, Moscou, Madrid et Rome.
Sur le tombeau du dernier de nos rois,
France, debout, fais entendre ta voix,
    Et proclame les droits de l'homme.   (*bis.*)

Ces droits sacrés, tracés par l'Eternel,
La tyrannie osa les méconnaître ;
L'homme, brisant le lien fraternel,
Opprime l'homme en se disant son maître ;
Peuples géants, courbés devant un nain,
Quoi ! vous tremblez aussitôt qu'on le nomme !
Ce temps n'est plus : sur le marbre et l'airain
Gravons ces mots : Le peuple souverain
    A reconquis les droits de l'homme.   (*bis.*)

De ces bienfaits jadis le pauvre exclu,
Fuyait craintif l'aspect d'un commissaire.
Ah ! qu'une part de notre superflu
A l'indigent donne le nécessaire ;
Que sans pâlir il songe au lendemain ;
Qu'en s'éveillant, il dise, le pauvre homme :
Humanité, si tu viens de ta main,

De quelques fleurs parsemer mon chemin ,
Je bénirai les droits de l'homme.   (*bis.*)

Quittez les cieux inséparables sœurs ,
Vous n'avez plus aujourd'hui de rivales ;
Du feu si pur qui brûle dans nos cœurs
Vous allez être à jamais des Vestales.
Votre présence adoucissant nos maux ,
De tous nos biens aussi double la somme.
Tous les mortels par vous libres , égaux ,
Au bien public consacrent leurs travaux ,
     Et jouissent des droits de l'homme.   (*bis.*)

Ainsi, nos yeux fixés sur l'avenir ,
Des jours meilleurs ont entrevu l'aurore ;
Règne de fer bientôt tu vas finir ,
Règne des lois bientôt tu vas éclore.
Grand Dieu ! j'entends le signal du combat !
Accourons tous, la liberté nous somme ;
Tout citoyen s'arme et devient soldat :
Le clairon sonne, amis, le tambour bat !
     C'est le rappel des droits de l'homme.   (*bis.*)

LA JEUNE FRANCE.

La liberté sourit à l'avenir :
Parez l'autel de la vierge adorée ,
Jeunes Français que Dieu semble punir
D'avoir conduit la déesse au Pirée.
     A nos succès, à nos malheurs ,

N'opposons plus l'indifférence,
Déité de nos trois couleurs
Viens orner ma lyre de fleurs ;
Je vais chanter la jeune France ;
    La jeune France.

La jeune France épouvante les rois,
Tous ces tyrans que la force environne ;
La garde veille aux pieds des vieux parois
Dont les crénaux protégent leur couronne.
    Ah ! si jamais grondait l'airain ;
    Pleine d'ardeur et d'espérance ,
    Des combats le Dieu souverain,
    Sur les antiques bords du Rhin
    Verrait bientôt la jeune France,
        La jeune France.

Quand le parjure, appuyé du canon,
Lançait sur nous sa royale phalange,
Pallas guidait du haut du Panthéon
De nos sauveurs l'héroïque mélange.
    Après notre troisième jour,
    Au bruit de notre délivrance,
    Les nations ont, tour à tour,
    Célébré de leurs chants d'amour
    Ce réveil de la jeune France,
        La jeune France.

Comme un coursier elle ronge le mors,
Qui veut calmer son ardeur généreuse,
Le ciel pâlit, et l'ange de la mort
Etend sur nous son aile ténébreuse.

Eh quoi ! déjà de nouveaux fers ;
Eh quoi ! déjà, quelle ignorance !
Les peuples ont assez souffert,
On ne donnera plus de fers
Aux enfants de la jeune France ,
    La jeune France.

Elle a fixé les yeux de l'univers :
Comme un lion qui sommeille sur l'herbe ,
La voyez-vous, malgré tous ses revers ,
Lever toujours son front jeune et superbe
    Allez, inutiles Mentors ,
    Entre nous quelle différence !
    Dans l'ombre allez cacher vos torts
    Ne troublez plus nos doux accords ;
    Laissez chanter la jeune France ,
    La jeune France.

Quoi ! vous voulez, vieux anti radicaux ,
Laisser encor végéter la patrie ,
Quand, dans les airs, la voix de mille échos
Va répétant que la France est flétrie !!!
    Malgré vous nous avancerons ,
    C'est trop supporter la souffrance :
    Nos vertus vous remplaceront ,
    Et partout nous replacerons
    L'étendard de la jeune France ,
    La jeune France.

LE CHANT DU VIEUX SOLDAT.

J'ai des balles, j'ai de la poudre,
Le tocsin sonne dans Paris ;
Viens mon bon fusil d'Austerlitz,
Sois sans pitié comme la foudre.
Et toi, mon noble et vieux drapeau,
Qui dormais sous mon lit de paille,
Montre encore ton dernier lambeau
Que j'ai sauvé de la mitraille ;
Je fesais bien de te garder ?
Noble drapeau, trésor du brave,
Sans me cacher comme un esclave,
Je puis enfin te regarder.
    J'ai des balles, etc.

Quel chant sublime ai-je entendu ?
La Marseillaise, la Victoire !
Ce vieux refrain nous a rendu,
En un seul jour, vingt ans de gloire.
Ah ! que ce chant de liberté
A déjà fait vibrer mon âme !
Je sens renaître en moi la flamme
Dont ces accords m'ont transporté.
    J'ai des balles, etc.

Ils voulaient du sang, les tyrans !
Pour laver leurs honteuses taches,

Ces lâches depuis trop long-temps,
Insultaient nos vieilles moustaches;
Pour payer leur fatal retour,
Ils ont voulu trahir la France ;
Ils gouvernaient par la vengeance :
Nous nous vengeons à notre tour.
    J'ai des balles, etc.

Adieu, ma femme, et toi mon fils,
Viens avec moi, je veux t'apprendre
Comme on se bat pour son pays,
Quand on se bat pour le défendre.
A mes côtés tu resteras;
Si quelque balle meurtrière,
Dans le combat frappe ton père,
Mon fils tu me remplaceras.
    J'ai des balles, etc.

FIN.

Toulouse, imprimerie de J.-P. FROMENT, rue des Gestes, 6.

CHANSONS PATRIOTIQUES.

LA MARSEILLAISE.

Allons, enfants de la patrie,
Le jour de gloire est arrivé,
Contre nous de la tyrannie
L'étendard sanglant est levé ;   (bis.)
Entendez-vous dans les campagnes
Mugir ces féroces soldats ;
Ils viennent jusques dans vos bras
Egorger vos fils, vos compagnes :
    Aux armes, citoyens,
    Formez vos bataillons ;
Marchez, marchez, qu'un sang impur
    Abreuve nos sillons.

Que veut cette horde d'esclaves,
De traîtres, de rois conjurés ?
Pour qui ces ignobles entraves,
Ces fers dès longtemps préparés ?   (bis.)
Français, pour nous, ah ! quel outrage !
Quel transport il doit exciter !
C'est nous qu'on ose méditer
De rendre à l'antique esclavage :
    Aux armes, citoyens, etc.

Quoi ! des cohortes étrangères
Feraient la loi dans nos foyers !
Quoi ! ces phalanges mercenaires
Terrasseraient nos fiers guerriers ! (bis.)
Grand Dieu ! par des mains enchaînées,
Nos fronts sous le joug se ploieraient !
De vils despotes deviendraient
Les maîtres de nos destinées !
    Aux armes, citoyens, etc.

Tremblez, tyrans, et vous perfides,
L'opprobre de tous les partis :
Tremblez, vos projets parricides
Vont enfin recevoir leur prix :   (bis.)
Tout est soldat pour vous combattre ;
S'ils tombent, nos jeunes héros,

La terre en produit de nouveaux,
Contrevous tous prêts à se battre.
    Aux armes, citoyens, etc.

Français, en guerriers magnanimes,
Portez ou retenez vos coup :
Epargnez ces tristes victimes,
A regret s'armant contre nous :   (bis.)
Mais les despotes sanguinaires,
Mais les complices de Bouillé;
Ces tigres qui, sans pitié,
Déchirent le sein de leur mère !
    Aux armes, citoyens, etc.

Savoisiens, peuple paisible,
Ah ! ne crains rien de nos guerriers :
Le Français est fier, mais sensible,
Il joint l'olive à ses lauriers :   (bis.)
Guerre aux tyrans, paix aux chaumières,
Voilà désormais nos traités;
Loin de conquérir des cités,
Nous cherchons des amis, des frères.
    Aux armes, citoyens, etc.

Amour sacré de la patrie,
Conduis, soutiens nos bras vengeurs :
Liberté, liberté chérie,
Combats avec tes défenseurs :   (bis.)
Sous nos drapeaux que la victoire
Accoure à tes mâles accents;
Que nos ennemis expirants
Voient ton triomphe et notre gloire.
    Aux armes, citoyens, etc.

LES JEUNES CITOYENS.

Nous entrerons dans la carrière
Quand nos aînés n'y seront plus ;
Nous y trouverons leur poussière,
Et la trace de leurs vertus :   (bis.)
Bien moins jaloux de leur survivre,
Que de partager leur cercueil,
Nous aurons le sublime orgueil
De les venger ou de les suivre.
    Aux armes, citoyens, etc.

CHANT DU DEPART.

UN DIRECTEUR.

La victoire en chantant nous ouvre la barrière,
La liberté guide nos pas ,
Et du Nord au Midi la trompette guerrière
A sonné l'heure des combats.
Tremblez , ennemis de la France ,
Rois , ivres de sang et d'orgueil ,
Le peuple souverain s'avance ;
Tyrans, descendez au cercueil ;
La République nous appelle ,   (bis.)
Sachons vaincre ou sachons périr.
Un Français doit vivre pour elle ,
Pour elle un Français doit mourir.

LES MÈRES.

De nos yeux maternels ne craignez point les larmes:
Loin de nous de lâches douleurs ,
Nous devons triompher quand vous prenez les
C'est aux rois de verser des pleurs :   (armes,
Nous vous avons donné la vie ,
Guerriers , elle n'est plus à vous ,
Tous vos jours sont à la patrie ,
Elle est votre mère avant nous ,
La République, etc.

LES PÈRES.

Que ce fer paternel arme la main des braves ;
Songez à nous aux champs de Mars ;
Consacrez dans le sang des rois et des esclaves
Le fer béni par vos vieillards ,
Et rapportant sous la chaumière
Des blessures et des vertus ,
Venez fermer notre paupière
Quand les tyrans ne seront plus ,
La République, etc.

LES ÉPOUSES.

Partez , vaillants époux , les combats sont vos fêtes,
Partez , modèles des guerriers ,

Nous cueillerons des fleurs pour en ceindre vos têtes,
Nos mains tresseront vos lauriers ;
Et si le temple de mémoire
S'ouvrait à vos mânes vainqueurs,
Nos voix chanteront votre gloire,
Et nos flancs portent vos vengeurs ,
La République , etc.

LES ENFANTS.

De Barra , de Viala , le sort nous fait envie ;
Ils sont morts , mais ils ont vaincu :
Le lâche accablé d'ans n'a point connu la vie ;
Qui meurt pour le peuple a vécu.
Vous êtes vaillants , nous le sommes,
Guidez-nous contre les tyrans ;
Les Républicains sont des hommes,
Les esclaves sont des enfants ,
La République, etc.

LES SŒURS DES GUERRIERS.

Et nous , sœurs des héros , nous qui de l'hyménée
Ignorons les aimables nœuds ,
Si pour s'unir un jour à notre destinée,
Les citoyens forment des vœux,
Qu'ils reviennent dans nos murailles,
Beaux de gloire et de liberté,
Et que leur sang dans les batailles
Ait coulé pour l'égalité,
La République, etc.

LES GUERRIERS.

Sur ce fer, devant Dieu, nous jurons à nos pères,
A nos épouses , à nos sœurs ;
A nos représentants , à nos fils , à nos mères,
D'anéantir les oppresseurs :
En tous lieux , dans la nuit profonde,
Plongeant l'infâme royauté,
Les Français donneront au monde
Et la paix et la liberté.
La République nous appelle ,   (bis.)
Sachons vaincre ou sachons périr,
Un Français doit vivre pour elle,
Pour elle un Français doit mourir.

LE REVEIL DU PEUPLE.

Air : *Des trois couleurs et de Nostradamus.*

Trompé, trahi par des mentors esclaves,
Le pauvre peuple endurait les mépris,
On l'entourait de fossés et d'entraves,
Pour comprimer ses efforts et ses cris.
Mais, demi-nu, le Goliath s'éveille,
Dressant le poing, qu'on voulait mutiler,
Abritez-vous ! Potentats de la veille !....
Le Géant s'arme !... (bis) un trône va trembler

Enfants !... la rue est le champ des alarmes,
La trève expire et bannit le repos !...
Entendez-vous le cri, Réforme ! aux armes !...
Ce cri se change en millions d'échos,
Paris armé se couvre d'embuscades,
Tout s'amoncèle en rempart crénelé,
Puis, au sommet des hautes barricades,
Le Géant monte (bis), un trône est ébranlé.

Le tube en feu répond à la mitraille,
Pour la retraite il n'est plus de chemins !
Le plomb mortel, criblant chaque muraille,
Vole en grondant sur les débris humains !...
Le glaive est roi.... la foudre est souveraine,
Sous leur niveau tout front doit se courber,
Frémissez tous.... sur la sanglante arène
Le Géant frappe (bis), un trône va tomber.

La troupe cède..... amis, criez VICTOIRE !
Le peuple uni déchire ses liens,
Déjà Clio, du temple de mémoire,
Jette un laurier aux héros plébéiens.
Pour conjurer son destin qui s'achève
L'orgueil du maître en vain s'est abaissé.....
Il est trop tard ! plus de paix, plus de trève !...
Le Géant marche (bis) un trône est renversé.

Jetez au vent tout insigne perfide,
Devant qui l'homme exhalait son encens,

Trône doré, meuble inutile et vide,
Sers d'holocauste aux mânes des absents!
Puis, sur le sol souillé par la Bastille,
Frères, traînez ce siége ensanglanté!....
Voyez! voyez! sur la flamme qui brille....
Le Géant souffle (bis), un trône est emporté.

Louis Festeau.

HYMNE PATRIOTIQUE.

Veillons au salut de l'empire,
Veillons au maintien de nos droits;
Si le despotisme conspire,
Conspirons la perte des rois,
Liberté, liberté,
Que tout mortel te rende hommage;
Tyrans, tremblez,
Vous allez expier vos forfaits;
Plutôt la mort que l'esclavage,
C'est la devise des Français.   (bis.)

Du salut de notre patrie,
Dépend celui de l'univers;
Si jamais elle est asservie,
Tous les peuples sont dans les fers.
Liberté, liberté, etc.

Ennemis de la tyrannie,
Paraissez tous, armez vos bras;
Du fond de l'Europe avilie,
Marchez avec nous aux combats.
Liberté, liberté,
Que ce nom sacré nous rallie.
Poursuivons les tyrans,
Punissons, punissons leurs forfaits;
Nous servons la même patrie,
Les hommes libres sont Français.   (bis.)

CHANT DE VICTOIRE.

Air : *Veillons au salut de l'empire*.

Eh quoi ! notre terre est rougie !
Quel sang vient donc de la souiller ?
Après quinze ans de léthargie,
Qui donc vient de se réveiller ?
Liberté (bis) ! déité si chère à la patrie,
Est-ce toi ? Réponds-nous..... Ecoutons (bis), c'est
sa voix,
Aux armes ! plus de tyrannie,
Peuple, va ressaisir tes droits.

L'étranger que solde la France
Vient nous frapper d'un plomb mortel !...
Est-ce là l'antique vaillance
Des frères de Guillaume Tell ?
Liberté (bis)! Quoi ! toujours des monts de l'Helvétie
Tes enfants viendront-ils (bis) pour étouffer ta voix ?
Ils tombent... plus de tyrannie !
Le peuple a reconquis ses droits !

Pour l'artisan, au cri de France !
Les combats sont les seuls travaux !
Sous ces poitrines sans défense
Palpitent des cœurs de héros.
Liberté (bis), vrais soldats, ils te donnaient leur vie,
Citoyens (bis) avec calme ils respectaient les lois.
Victoire ! plus de tyrannie !
Le peuple a reconquis ses droits.

Mais tous ces bataillons informes,
Quels guides vont les diriger ?
Voyez ces jeunes uniformes
Briller au plus fort du danger !
Liberté (bis)) ! Quelle est donc la puissance infinie ?
Qu'ils sont grands (bis), ces enfants accourus à ta voix !
Victoire ! Plus de tyrannie ?
Le peuple a reconquis ses droits

Et vous, dont la France s'honore,
Relevez ce front attristé ;
Reprenez votre luth sonore,
Poètes de la liberté !
Liberté (bis) ! qu'à ta voix s'élance le génie....
Les lauriers des beaux arts fleuriront (bis) sous tes
lois !

Victoire ! Plus de tyrannie !
Le peuple a reconquis ses droits !

Mais que de pertes on déplore !
Combien de braves au cercueil !
Ah ! notre drapeau tricolore
Est ceint d'une écharpe de deuil !
Liberté (bis) ! Dans les cieux que chaque ombre at-
tendrie
Tressaille encore, tressaille au son de notre voix !
Victoire ! Plus de tyrannie !
Le peuple a reconquis ses droits !

ÉTIENNE ARAGO.

LES TROIS COULEURS.

Liberté sainte, après trente ans d'absence,
Reviens, reviens ; leur trône est renversé :
Ils ont voulu trop asservir la France,
Et dans leur main leur sceptre s'est brisé.
Tu reverras cette noble bannière
Qu'en cent climats portaient tes fils vainqueurs ;
Ils ont enfin secoué la poussière
Qui ternissait ses brillantes couleurs.

Au bon plaisir, à la grâce divine,
Va succéder, pour la leçon des rois,
Un droit plus vrai, tirant son origine
Des droits du peuple et restreint par les lois.
La Charte en main, la France libre et fière
Pour l'avenir peut essuyer ses pleurs,
Le drapeau blanc roule dans la poussière
Qui ternissait nos brillantes couleurs.

Soldats, enfants de la même patrie,
Un vain serment, un devoir mal compris,
Vous fit défendre une race flétrie,
Qui mendia son sceptre aux ennemis :
Venez à nous, plus de sanglantes guerres,
Nous pardonnons malgré tous nos malheurs :
Oui, désormais, tous les Français sont frères,
Car la colonne a repris ses couleurs.

Et vous, Français, dignes fils de la gloire,
Qui maintenant dormez dans le cercueil,
Si nous chantons après votre victoire,
Ah ! dans nos cœurs nous portons votre deuil.
De ce trépas que votre âme soit fière,
Car dans le temple ouvert en votre honneur,
La liberté déploiera la bannière
Dont votre sang retrempa la couleur.

A. BLANC.

MA REPUBLIQUE.

Air : *De la Robe et des Bottes.*

J'ai pris goût à la république
Depuis que j'ai vu tant de rois ;
Je m'en fais une, et je m'applique
A lui donner de bonnes lois.
On n'y commerce que pour boire,
On n'y juge qu'avec gaîté ;
Ma table est tout son territoire,
Sa devise est la liberté.

Amis, prenons tous notre verre :
Le sénat s'assemble aujourd'hui ;
D'abord, par un arrêt sévère,
A jamais proscrivons l'ennui.
Quoi ! proscrire ? Ah ! ce mot doit être
Inconnu dans notre cité :
Chez nous l'ennui ne pourra naître,
Le plaisir suit la liberté.

Du luxe dont elle est blessée
La joie ici défend l'abus ;
Point d'entraves à la pensée,
Par ordonnance de Bacchus.
A son gré que chacun professe
Le culte de sa déité ;
Qu'on puisse aller même à la messe,
Ainsi le veut la liberté.

La noblesse est trop abusive :
Ne parlons point de nos aïeux.
Point de titres, même au convive
Qui rit le plus, ou boit le mieux.
Et si quelqu'un, d'humeur traîtresse,
Aspirait à la royauté,
Plongeons ce César dans l'ivresse,
Nous sauverons la liberté.

Trinquons à notre république,
Pour voir son destin affermi.
Mais ce peuple si pacifique
Déjà redoute un ennemi :
C'est Lisette qui nous rappelle
Sous les lois de la volupté,
Elle veut régner, elle est belle,
C'en est fait de la liberté.

P.-J. DE BÉRANGER.

CHANT NATIONAL.

CHOEUR.

Salut, drapeau de la patrie !
Guide toujours nos défenseurs.
Liberté, liberté chérie,
Salut, salut à tes nobles couleurs.

Ils voulaient nous réduire en poudre ;
Il leur faut du sang et des pleurs !
Leur bras est armé de la foudre,
Et pourtant nous sommes vainqueurs !

Où sont donc ces Français si braves,
Criaient ces prétoriens nouveaux !
Ils venaient chercher des esclaves,
Ils n'ont trouvé que des héros !
  Salut, drapeau, etc.

Soldats, laissez la tyrannie
Exhaler seule sa fureur.
Ne voyez-vous pas l'infamie
Où l'on vous a promis l'honneur.
Où cherchez-vous une victoire ?
Arrêtez, arrêtez, soldats....
Vous ne marchez pas à la gloire,
Puisqu'un traître guide vos pas.
  Salut, drapeau, etc.

Ecoutez l'insolent ministre
Qui s'élève au-dessus des lois....
Ecoutez-le ; sa voix sinistre
Va proscrire à jamais nos droits !
Insensé !... Le ciel, au parjure
Avait marqué, dans l'avenir,
Un an pour préparer l'injure,
A nous, trois jours pour la punir !
  Salut, drapeau, etc.
     Saint-Hilaire.

LES MONTAGNARDS.

Heureux habitants des montagnes !
Chez vous siége la liberté ;
En tout temps elle eut pour compagnes
L'innocence et la vérité.
Ici le soleil sans nuages,
Chaque jour frappe vos regards ;
A vos pieds voyez les orages
Et soyez toujours *Montagnards*.

Ce fut sur la montagne antique
Que naquit l'homme libre et fier ;
C'est sur la montagne helvétique
Que Tell pulvérisa Guesler.

Que dans la plaine, les esclaves,
Rampent aux genoux des Césars ;
Pour nous, sans maîtres, sans entraves,
Nous serons toujours *Montagnards.*

Londres, Berlin, Vienne et l'Espagne,
Prétendaient nous remettre aux fers :
Mais du sommet de la montagne,
Un Dieu planait sur l'Univers.
Par sa fermeté, sa prudence,
Malgré leurs bataillons épars,
La montagne a sauvé la France :
Gloire immortelle aux *Montagnards.*

De la montagne inébranlable,
Le plus terrible des volcans
A frappé la foule coupable
Des satellites des tyrans.
La foudre a terrassé le crime ;
Il ne souille plus nos regards ;
Et depuis ce moment sublime
Tous les Français sont *Montagnards.*

Y en a qu'la crainte accompagne,
Qui n'sont pas ferm' sur leux jarrets,
Y voulont gravir la montagne,
Et r'tombont toujours dans l'marais.
C'n'est pas là leux route ordinaire :
Ils sont sujets à trop d'écarts....
Ils ont beau dire, ils ont beau faire,
Y n'seront jamais *Montagnards.*

Sur la montagne, dès l'enfance,
Nous en conservons la fierté.
Nous brûlons, avec tout' la France,
De l'amour de la liberté !
Puiss' notre première campagne
Etre agreable à vos regards !....
Vous êtes tous de la montagne
Accueillez les p'tits *Montagnards.*

Besançon. — Imprimerie de Bintot.

CHANSONS PATRIOTIQUES.

LA MARSEILLAISE.

Allons, enfants de la patrie,
Le jour de gloire est arrivé,
Contre nous de la tyrannie
L'étendard sanglant est levé ;   (bis.)
Entendez-vous dans les campagnes
Mugir ces féroces soldats ;
Ils viennent jusques dans vos bras
Egorger vos fils, vos compagnes :
    Aux armes, citoyens,
    Formez vos bataillons ;
Marchez, marchez, qu'un sang impur
    Abreuve nos sillons.

Que veut cette horde d'esclaves,
De traîtres, de rois conjurés ?
Pour qui ces ignobles entraves,
Ces fers dès longtemps préparés ?   (bis.)
Français, pour nous, ah ! quel outrage !
Quel transport il doit exciter !
C'est nous qu'on ose méditer
De rendre à l'antique esclavage :
    Aux armes, citoyens, etc.

Quoi ! des cohortes étrangères
Feraient la loi dans nos foyers !
Quoi ! ces phalanges mercenaires
Terrasseraient nos fiers guerriers ! (bis.)
Grand Dieu ! par des mains enchaînées,
Nos fronts sous le joug se ploieraient !
De vils despotes deviendraient
Les maîtres de nos destinées !
    Aux armes, citoyens, etc.

Tremblez, tyrans, et vous perfides,
L'opprobre de tous les partis :
Tremblez, vos projets parricides
Vont enfin recevoir leur prix :   (bis.)
Tout est soldat pour vous combattre ;
S'ils tombent, nos jeunes héros,

La terre en produit de nouveaux,
Contre vous tous prêts à se battre.
Aux armes, citoyens, etc.

Français, en guerriers magnanimes,
Portez ou retenez vos coups :
Epargnez ces tristes victimes,
A regret s'armant contre nous :   (bis.)
Mais les despotes sanguinaires,
Mais les complices de Bouillé;
Ces tigres qui, sans pitié,
Déchirent le sein de leur mère !
Aux armes, citoyens, etc.

Savoisiens, peuple paisible,
Ah ! ne crains rien de nos guerriers :
Le Français est fier, mais sensible,
Il joint l'olive à ses lauriers :   (bis.)
Guerre aux tyrans, paix aux chaumières,
Voilà désormais nos traités ;
Loin de conquérir des cités,
Nous cherchons des amis, des frères.
Aux armes, citoyens, etc.

Amour sacré de la patrie,
Conduis, soutiens nos bras vengeurs :
Liberté, liberté chérie,
Combats avec tes défenseurs ;   (bis.)
Sous nos drapeaux que la victoire
Accoure à tes mâles accents ;
Que nos ennemis expirants
Voient ton triomphe et notre gloire.
Aux armes, citoyens, etc.

LES JEUNES CITOYENS.

Nous entrerons dans la carrière
Quand nos aînés n'y seront plus ;
Nous y trouverons leur poussière,
Et la trace de leurs vertus ;   (bis)
Bien moins jaloux de leur survivre,
Que de partager leur cercueil,
Nous aurons le sublime orgueil
De les venger ou de les suivre.
Aux armes, citoyens, etc.

CHANT DU DEPART.

UN DIRECTEUR.

La victoire en chantant nous ouvre la barrière.
La liberté guide nos pas,
Et du Nord au Midi la trompette guerrière
A sonné l'heure des combats.
Tremblez, ennemis de la France,
Rois, ivres de sang et d'orgueil,
Le peuple souverain s'avance;
Tyrans, descendez au cercueil;
La République nous appelle,
Sachons vaincre ou sachons périr.
Un Français doit vivre pour elle,
Pour elle un Français doit mourir.

LES MÈRES.

De nos yeux maternels ne craignez point les larmes:
Loin de nous de lâches douleurs,
Nous devons triompher quand vous prenez les
C'est aux rois de verser des pleurs: (armes.
Nous vous avons donné la vie,
Guerriers, elle n'est plus à vous,
Tous vos jours sont à la patrie,
Elle est votre mère avant nous,
La République, etc.

LES PÈRES.

Que ce fer paternel arme la main des braves;
Songez à nous aux champs de Mars;
Consacrez dans le sang des rois et des esclaves
Le fer béni par vos vieillards,
Et rapportant sous la chaumière
Des blessures et des vertus,
Venez fermer notre paupière
Quand les tyrans ne seront plus,
La République, etc.

LES ÉPOUSES.

Partez, vaillants époux, les combats sont vos fêtes,
Partez, modèles des guerriers,

Nous cueillerons des fleurs pour en ceindre vos têtes,
  Nos mains tresseront vos lauriers ;
  Et si le temple de mémoire
  S'ouvrait à vos mânes vainqueurs,
  Nos voix chanteront votre gloire,
  Et nos flancs portent vos vengeurs,
    La République, etc.

LES ENFANTS.

De Barra, de Viala, le sort nous fait envie ;
  Ils sont morts, mais ils ont vaincu :
Le lâche accablé d'ans n'a point connu la vie ;
  Qui meurt pour le peuple a vécu.
  Vous êtes vaillants, nous le sommes,
  Guidez-nous contre les tyrans ;
  Les Républicains sont des hommes,
  Les esclaves sont des enfants,
    La République, etc.

LES SOEURS DES GUERRIERS.

Et nous, sœurs des héros, nous qui de l'hyménée
  Ignorons les aimables nœuds,
  Si pour s'unir un jour à notre destinée,
  Les citoyens forment des vœux,
  Qu'ils reviennent dans nos murailles,
  Beaux de gloire et de liberté,
  Et que leur sang dans les batailles
  Ait coulé pour l'égalité,
    La République, etc.

LES GUERRIERS.

Sur ce fer, devant Dieu, nous jurons à nos pères,
  A nos épouses, à nos sœurs,
A nos représentants, à nos fils, à nos mères,
  D'anéantir les oppresseurs :
  En tous lieux, dans la nuit profonde,
  Plongeant l'infâme royauté,
  Les Français donneront au monde
  Et la paix et la liberté.
  La République nous appelle,   (bis.)
  Sachons vaincre ou sachons périr,
  Un Français doit vivre pour elle,
  Pour elle un Français doit mourir.

LE REVEIL DU PEUPLE.

Air : *Des trois couleurs et de Nostradamus.*

Trompé, trahi par des mentors esclaves,
Le pauvre peuple endurait les mépris,
On l'entourait de fossés et d'entraves,
Pour comprimer ses efforts et ses cris.
Mais, demi-nu, le Goliath s'éveille,
Dressant le poing, qu'on voulait mutiler,
Abritez-vous ! Potentats de la veille !....
Le Géant s'arme !... (bis) un trône va trembler.

Enfants !... la rue est le champ des alarmes,
La trève expire et bannit le repos !...
Entendez-vous le cri, RÉFORME ! aux armés !...
Ce cri se change en millions d'échos,
Paris armé se couvre d'embuscades,
Tout s'amoncèle en rempart crénelé,
Puis, au sommet des hautes barricades,
Le Géant monte (bis), un trône est ébranlé.

Le tube en feu répond à la mitraille,
Pour la retraite il n'est plus de chemins !
Le plomb mortel, criblant chaque muraille,
Vole en grondant sur les débris humains !...
Le glaive est roi.... la foudre est souveraine,
Sous leur niveau tout front doit se courber,
Frémissez tous.... sur la sanglante arène
Le Géant frappe (bis), un trône va tomber.

La troupe cède..... amis, criez VICTOIRE !
Le peuple uni déchire ses liens,
Déjà Clio, du temple de mémoire,
Jette un laurier aux héros plébéiens.
Pour conjurer son destin qui s'achève
L'orgueil du maître en vain s'est abaissé.....
Il est trop tard ! plus de paix, plus de trève !...
Le Géant marche (bis) un trône est renversé.

Jetez au vent tout insigne perfide,
Devant qui l'homme exhalait son encens.

Trône doré, meuble inutile et vide,
Sers d'holocauste aux mânes des absents!
Puis, sur le sol souillé par la Bastille,
Frères, traînez ce siége ensanglanté!....
Voyez! voyez! sur la flamme qui brille....
Le Géant souffle (bis), un trône est emporté.

LOUIS FESTEAU.

HYMNE PATRIOTIQUE.

Veillons au salut de l'empire,
Veillons au maintien de nos droits;
Si le despotisme conspire,
Conspirons la perte des rois,
   Liberté, liberté,
Que tout mortel te rende hommage;
   Tyrans, tremblez,
Vous allez expier vos forfaits;
Plutôt la mort que l'esclavage,
C'est la devise des Français.   (bis.)

  Du salut de notre patrie,
Dépend celui de l'univers;
Si jamais elle est asservie,
Tous les peuples sont dans les fers.
   Liberté, liberté, etc.

  Ennemis de la tyrannie,
Paraissez tous, armez vos bras;
Du fond de l'Europe avilie,
Marchez avec nous aux combats.
   Liberté, liberté,
Que ce nom sacré nous rallie.
   Poursuivons les tyrans,
Punissons, punissons leurs forfaits;
Nous servons la même patrie,
Les hommes libres sont Français.   (bis.)

CHANT DE VICTOIRE.

Air : *Veillons au salut de l'empire*.

Eh quoi ! notre terre est rougie !
Quel sang vient donc de la souiller ?
Après quinze ans de léthargie ,
Qui donc vient de se réveiller ?
Liberté (bis) ! déité si chère à la patrie ,
Est-ce toi ? Réponds-nous..... Ecoutons (bis) , c'est
sa voix,
Aux armes ! plus de tyrannie ,
Peuple , va ressaisir tes droits.

L'étranger que solde la France
Vient nous frapper d'un plomb mortel !...
Est-ce là l'antique vaillance
Des frères de Guillaume Tell ?
Liberté (bis)! Quoi ! toujours des monts de l'Helvétie
Tes enfants viendront-ils (bis) pour étouffer ta voix ?
Ils tombent... plus de tyrannie !
Le peuple a reconquis ses droits !

Pour l'artisan , au cri de France !
Les combats sont les seuls travaux!
Sous ces poitrines sans défense
Palpitent des cœurs de héros.
Liberté (bis), vrais soldats, ils te donnaient leur vie ,
Citoyens (bis) avec calme ils respectaient les lois.
Victoire ! plus de tyrannie !
Le peuple a reconquis ses droits.

Mais tous ces bataillons informes ,
Quels guides vont les diriger ?
Voyez ces jeunes uniformes
Briller au plus fort du danger !
Liberté (bis)) ! Quelle est donc ta puissance infinie ?
Qu'ils sont grands (bis), ces enfants accourus à ta voix!
Victoire ! Plus de tyrannie ?
Le peuple a reconquis ses droits !

Et vous, dont la France s'honore,
Relevez ce front attristé ;
Reprenez votre luth sonore ,
Poëtes de la liberté !
Liberté (bis) ! qu'à ta voix s'élance le génie....
Les lauriers des beaux arts fleuriront (bis) sous tes
lois !

Victoire ! Plus de tyrannie !
Le peuple a reconquis ses droits !

Mais que de pertes on déplore !
Combien de braves au cercueil !
Ah ! notre drapeau tricolore
Est ceint d'une écharpe de deuil !
Liberté (bis) ! Dans les cieux que chaque ombre at-
tendrie
Tressaille encore , tressaille au son de notre voix !
Victoire ! Plus de tyrannie !
Le peuple a reconquis ses droits !

ÉTIENNE ARAGO.

LES TROIS COULEURS.

Liberté sainte , après trente ans d'absence,
Reviens, reviens ; leur trône est renversé :
Ils ont voulu trop asservir la France,
Et dans leur main leur sceptre s'est brisé.
Tu reverras cette noble bannière
Qu'en cent climats portaient tes fils vainqueurs :
Ils ont enfin secoué la poussière
Qui ternissait ses brillantes couleurs.

Au bon plaisir, à la grâce divine ,
Va succéder , pour la leçon des rois ,
Un droit plus vrai , tirant son origine
Des droits du peuple et restreint par les lois.
La Charte en main , la France libre et fière
Pour l'avenir peut essuyer ses pleurs,
Le drapeau blanc roule dans la poussière
Qui ternissait nos brillantes couleurs.

Soldats, enfants de la même patrie,
Un vain serment, un devoir mal compris,
Vous fit défendre une race flétrie,
Qui mendia son sceptre aux ennemis :
Venez à nous, plus de sanglantes guerres,
Nous pardonnons malgré tous nos malheurs :
Oui, désormais, tous les Français sont frères,
Car la colonne a repris ses couleurs.

Et vous, Français, dignes fils de la gloire,
Qui maintenant dormez dans le cercueil,
Si nous chantons après votre victoire,
Ah ! dans nos cœurs nous portons votre deuil.
De ce trépas que votre âme soit fière,
Car dans le temple ouvert en votre honneur,
La liberté déploiera la bannière
Dont votre sang retrempa la couleur.

A. BLANC.

MA REPUBLIQUE.

Air : *De la Robe et des Bottes.*

J'ai pris goût à la république
Depuis que j'ai vu tant de rois ;
Je m'en fais une, et je m'applique
A lui donner de bonnes lois.
On n'y commerce que pour boire,
On n'y juge qu'avec gaîté ;
Ma table est tout son territoire,
Sa devise est la liberté.

Amis, prenons tous notre verre :
Le sénat s'assemble aujourd'hui ;
D'abord, par un arrêt sévère,
A jamais proscrivons l'ennui.
Quoi ! proscrire? Ah ! ce mot doit être
Inconnu dans notre cité :
Chez nous l'ennui ne pourra naître,
Le plaisir suit la liberté.

Du luxe dont elle est blessée
La joie ici défend l'abus ;
Point d'entraves à la pensée,
Par ordonnance de Bacchus.
A son gré que chacun professe
Le culte de sa déité ;
Qu'on puisse aller même à la messe,
Ainsi le veut la liberté.

La noblesse est trop abusive :
Ne parlons point de nos aïeux.
Point de titres, même au convive
Qui rit le plus, ou boit le mieux.
Et si quelqu'un, d'humeur traitresse,
Aspirait à la royauté,
Plongeons ce César dans l'ivresse,
Nous sauverons la liberté.

Trinquons à notre république,
Pour voir son destin affermi.
Mais ce peuple si pacifique
Déjà redoute un ennemi :
C'est Lisette qui nous rappelle
Sous les lois de la volupté,
Elle veut régner, elle est belle,
C'en est fait de la liberté.

P.-J. DE BÉRANGER.

CHANT NATIONAL.

CHOEUR.

Salut, drapeau de la patrie !
Guide toujours nos défenseurs.
Liberté, liberté chérie,
Salut, salut à tes nobles couleurs.

Ils voulaient nous réduire en poudre ;
Il leur faut du sang et des pleurs !
Leur bras est armé de la foudre,
Et pourtant nous sommes vainqueurs !

Où sont donc ces Français si braves,
Criaient ces prétoriens nouveaux !
Ils venaient chercher des esclaves,
Ils n'ont trouvé que des héros !
  Salut, drapeau, etc.

 Soldats, laissez la tyrannie
Exhaler seule sa fureur.
Ne voyez-vous pas l'infamie
Où l'on vous a promis l'honneur.
Où cherchez-vous une victoire ?
Arrêtez, arrêtez, soldats....
Vous ne marchez pas à la gloire,
Puisqu'un traître guide vos pas.
  Salut, drapeau, etc.

 Ecoutez l'insolent ministre
Qui s'élève au-dessus des lois....
Ecoutez-le ; sa voix sinistre
Va proscrire à jamais nos droits !
Insensé !... Le ciel, au parjure
Avait marqué, dans l'avenir,
Un an pour préparer l'injure,
A nous, trois jours pour la punir !
  Salut, drapeau, etc.
      SAINT-HILAIRE.

LES MONTAGNARDS.

 Heureux habitants des montagnes !
Chez vous siége la liberté ;
En tout temps elle eut pour compagne
L'innocence et la vérité.
Ici le soleil sans nuages,
Chaque jour frappe vos regards ;
A vos pieds voyez les orages
Et soyez toujours *Montagnards*.

 Ce fut sur la montagne antique
Que naquit l'homme libre et fier ;
C'est sur la montagne helvétique
Que Tell pulvérisa Guesler.

Que dans la plaine, les esclaves ,
Rampent aux genoux des Césars ;
Pour nous , sans maîtres , sans entraves ,
Nous serons toujours *Montagnards.*

Londres , Berlin , Vienne et l'Espagne ,
Prétendaient nous remettre aux fers :
Mais du sommet de la montagne ,
Un Dieu planait sur l'Univers.
Par sa fermeté, sa prudence ,
Malgré leurs bataillons épars ,
La montagne a sauvé la France :
Gloire immortelle aux *Montagnards.*

De la montagne inébranlable ,
Le plus terrible des volcans
A frappé la foule coupable
Des satellites des tyrans .
La foudre a terrassé le crime ;
Il ne souille plus nos regards ;
Et depuis ce moment sublime
Tous les Français sont *Montagnards.*

Y en a qu'la crainte accompagne ,
Qui n'sont pas ferm' sur leux jarrets ,
Y voulont gravir la montagne ,
Et r'tombont toujours dans l'marais.
C'n'est pas là leux route ordinaire :
Ils sont sujets à trop d'écarts....
Ils ont beau dire , ils ont beau faire ,
Y n'seront jamais *Montagnards.*

Sur la montagne , dès l'enfance ,
Nous en conservons la fierté.
Nous brûlons , avec tout' la France ,
De l'amour de la liberté !
Puiss' notre première campagne
Etre agréable à vos regards !....
Vous êtes tous de la montagne
Accueillez les p'tits *Montagnards.*

Besançon.— Imprimerie de Bintot

Chansons Patriotiques.

CHANT DES GIRONDINS.

Par la voix du canon d'alarmes;
La France appelle ses enfants.
Allons, dit le soldat, aux armes !
C'est ma mère, je la défends,
  Mourir pour la patrie   bis.
  C'est le sort le plus beau,
  Le plus digne d'envie.

Nous amis, qui loin des batailles
Succombons dans l'obscurité,
Vouons du moins nos funérailles,
A la France, à sa Liberté.
  Mourir, etc.

Frères, pour une cause sainte,
Quant chacun de nous est martyr,
Ne proférons pas une plainte,
La France doit un jour nous bénir.
  Mourir, etc.

Du beau temps de la nature,
Bénissons encore la bonté ;
Nous plaindre serait une injure,
Nous, mourir pour la liberté.
    Mourir, etc.

La gloire suivra chaque frère,
Que notre cœur n'impose de fiel ;
Ce que nous perdons sur la terre
Nous sera rendus au ciel.
    Mourir, etc.

LA MARSEILLAISE.

Allons enfants de la patrie !
Le jour de gloire est arrivé.
Contre nous de la tyrannie,
L'étendard sanglant est levé   bis.
Entendez-vous dans les campagnes,
Mugir ces féroces soldats ?
Ils viennent jusques dans nos bras
Egorger nos fils, nos compagnes !
Aux armes, citoyens ! formez vos bataillons !
Marchons ! qu'un sang impur abreuve nos sillons

Que veut cette horde d'esclaves,
De traitres, de rois conjurés ?
Pour qui ces ignobles entraves,
Ces fers dès long-temps préparés ?
Français, pour nous, ah ! quel outrage,
Quels transports il doit exciter !
C'est nous qu'on ose méditer
De rendre à l'antique esclavage !
Aux armes, citoyens ! etc.

Quoi, des cohortes étrangères
Feraient la loi dans nos foyers,
Quoi, ces phalanges mercenaires
Terrasseraient nos fiers guerriers,
Grand Dieu ! par des mains enchaînées
Nos fronts sous le joug se ploiraient.

De vils despotes deviendraient
Les maitres de nos destinées.
Aux armes, citoyens ! etc.

Tremblez, tyrans, et vous perfides,
L'opprobre de tous les partis,
Tremblez, vos projets paricides
Vont enfin recevoir leurs prix,
Tout est soldat pour vous combattre
S'ils tombent, nos jeunes héros,
La terre en produit de nouveaux
Contre vous tous prêts à combattre.
Aux armes, citoyens ! etc.

Amour sacré de la patrie,
Conduits, soutiens nos bras vengeurs
Liberté, liberté chérie
Combats avec tes défenseurs ;
Sous nos drapeaux, que la victoire
Accoure à tes mâles accents !
Que tes ennemis expirants
Voient ton triomphe et ta gloire.
Aux armes, citoyens ! etc.

LA FAVORITE.

Viens ; viens, je cède éperdu
Au transport qui m'enivre,
Au transport qui m'enivre,
Ton amour, ton amour m'est rendu,
Pour t'aimer, pour t'aimer je veux vivre.
Ah ! viens, j'écoute en mon cœur
Une voix, une voix qui me crie :
Ah ! va dans une autre patrie !
Va cacher ton bonheur.   bis.

O transport ! c'est mon rêve perdu
Qui rayonne et m'enivre,
Qui rayonne et m'enivre ;
Son amour, son amour m'est rendu,
Mon Dieu, laissez-moi vivre ;

O mon Dieu! ô mon Dieu!
J'abandonne mon cœur
A la voix, à la voix qui me crie :
Ah! va dans une autre patrie,
Va cacher ton bonheur.   bis.

Vois-tu que ces moines jaloux
Vont saisir leur victime;   bis.
Ils sont là, ils sont là près de nous;
Mais quel soit son crime,   bis.
J'abandonne, j'abandonne mon sort,
A la voix qui me crie :
Va dans une autre patrie,
Va cacher ton bonheur.   bis.

LE CRI DE LA FRANCE.

Air : *Guerre aux tyrans.* (Charles VI.)

La France, en trois jours de tempête,
Vient de terrasser les tyrans.
Le peuple a relevé la tête ;
Il voit ses ennemis rampants.   Bis.
De ce beau jour de délivrance,
Le souvenir nous restera...   Bis.
Plus de tyrans! Jamais en France,   } Bis.
Jamais de roi ne règnera !

Que désormais la monarchie
Meure loin de notre pays ;
Nous garderons à notre patrie
La liberté qu'elle a conquis.   Bis.
Qu'un jour un despote s'avance,
Des cœurs un seul cri sortira ..   Bis.
Plus de tyrans! Jamais en France,   } Bis.
Jamais de roi ne règnera !

Pour faire admirer notre gloire,
Montrons, amis, à l'univers,
Combien est grand, dans sa victoire,
Un peuple qui brise ses fers   Bis.

Du jour de notre délivrance,
Le souvenir toujours vivra...   Bis.
Plus de tyrans! Jamais en France,   } Bis.
Jamais de roi ne règnera!

Après un combat héroïque;
Restons calmes dans le succès,
Qu'une puissante République
Rende frères tous les Français.   Bis.
Vivons, mourons pour sa défense:
Tant qu'un souffle nous restera...   Bis.
Plus de tyrans! Jamais en France,   } Bis.
Jamais de roi ne règnera!

DIALOGUE

ENTRE LOUIS-PHILIPPE ET GUIZOT.

AIR DE : *Vive le Roi.*

REFRAIN : Louis-Philippe dit à Guizot :
            Vite, il n'est pas trop tôt;   bis.
            Mal va notre affaire.
        Car le peuple Parisien
        Trouv' que ça ne va pas bien bis.
        D'puis la s'maine dernière.
            Décampons,   bis.
        Mieux vaut passer pour capon ;
            Décampons,   bis.
        Ou gare au tampon.

Guizot à Louis-Philippe.

Polignac et Peyronnet
L'ont échappé, Dieu sait comme,
Mais toi qui n'a plus d'jarret.
File de peur qu'on te dégomme :
C'est tout c'qui peut t'arriver.
Tu sais que partout en France
On voudrait t'voir esquivé :
Pars avant d'courir la chance.
Partons mon ami Guizot, etc.

Louis-Philippe à Guizot.

Souviens-toi bien du traité
Avec la reine d'Agleterre ;
T'as violé la liberté
Et trompé la France entière.
Combien serais-tu méchant
Si l'on prenait ta pâture,
Te batt'rais tu sur le champ ?
Non ! j'prendrais vite une voiture.
    Partons, etc.

Guizot à Louis-Philippe.

J'ai lu c'matin un p'tit mot
Dans l'Constitutionnel,
Il nous apprend qu'il f'ra chaud
Sous les murs de mon Hôtel.
A moi le dernier Bourbon,
Ainsi qu'à mon ministère ;
Gare à nous ! c'est pour de bon,
Décampons avant l'affaire.
    Partons, etc.

Les dernières espérances de Louis-Philippe.

    Les Fortifications
    Sont-elles donc là pour des prunes ?

Guizot.

Non, mais les révolutions
Rétablissent les tribunes.
Fais appel à tes amis
Et plie bagage de suite,
Car les enfants de Paris
Nous donn'raient bien la poursuite.
    Partons, etc.

BARRICADES.

Air : *Mourons pour la patrie,*

Trop longtemps la France asservie
A vu décimer ses enfants ;
Mais libre, enfin, notre patrie

Brisé le sceptre des tyrans.
  Chantons, garde civique,   bis.
  La victoire est à nous :
  Vive la République.
Nos mains ne portaient pas d'entraves
Quand le créateur les forma,
Mourons plutôt que d'être esclaves
Puisque le bon droit nous arma.   Chantons, etc.

  Sous un odieux ministère,
  Un roi parjure à ses serments,
  Voulait dans une vie austère,
  Etouffer nos mâles accents.   Chantons, etc.

  Le régime anti-radical
  Par notre sang fut effacé,
  Celui d'un bonheur sans égal,
  Frères, pour nous a commencé. Chantons, etc.

  Déjà Pie IX, de l'Italie,
  A fait un peuple indépendant ;
  Pour renverser la tyrannie
  La Suisse est là qui se défend. Chantons, etc.

  Demain, l'heure de la délivrance
  Pour tous les peuples sonnera ;
  Tyrans ! place à l'indépendance,
  La Liberté nous conduira.   Chantons, etc.

Propriété de l'auteur.

NE SUIS-JE PAS OUVRIER COMME VOUS.

Secourez-moi, vous que ma voix implore,
courez-moi, car je suis malheureux ;
main, peut-être, au lever de l'aurore,
froide mort aura fermé mes yeux.

REFRAIN.

  Secorez-moi, dans ma pauvre misère,
  Je prierai Dieu de vous protéger tous,
  Secourez-moi, car je suis votre frère,
  Ne suis-je pas ouvrier comme vous,

Déjà le sang coule dans mes veines,
Comme un serpent vient de me mordre au cœur,
Vous, comme moi ; qui comprenez mes peines,
Jetez, jetez, une obole au malheur.

Jetez, jetez, à la voix qui vous prie
Dieu vous rendra le bien que l'on me fait.
Un ange au ciel, notre belle patrie,
Au livre d'or inscrira ce bienfait.

Rien ne me touche et ma voix qui s'affaisse,
Comme un vain cri va ce perdre dans l'air ;
Ayez pitié, car le malheur abaisse,
Ayez pitié, j'ai déjà trop souffert.

JE VOUS PAIERAI QUAND J'AURAI LE TEMPS.

Air connu.

Le matin, quand je sors de mon gîte,
Les yeux je n'ose pas lever ;
A la sourdine je file vite,
Car je dois dans tout le quartier :
C'est l'épicier, c'est la fruitière
Qui me demandent de l'argent.
J'aime mieux le manger à la barrière,
Je les paierai quand j'aurai le temps.

Le mercier qui m'a vendu mes chemises
Veut se payer sur mes appas ;
Mais je lui dis : l'ancien, pas de bêtise,
Vous êtes trop laid, ça ne va pas.
Enfin jusqu'à l'apothicaire
Qui me demande de l'argent.
Je n'ai plus besoin de son ministère :
Je les paierai quand j'aurais le temps.

Je dois à mon propriétaire
Au moins trois années de loyer ;
De lui je ne m'occupe guère,
Car j'ai droit de ne pas payer.
Usuriers qui faites la mine,
Vous n'aurez que des rémérciments

Car je suis fort dans la débine ;
Je vous paierai quand j'aurai le temps.

Il faut que je fasse la connaissance
D'un vieillard qui sera généreux,
Qui puisse me mettre à l'aisance,
Pour rendre mon sort plus heureux.
J'aurai, pour me distraire en cachette,
Un petit amant complaisant,
Et je caresserai ma vieille serpette
Une fois par mois, quand j'aurai le temps.

Des créanciers la foule abonde,
Ils vont me coûter de grands frais ;
J'implore ici tout le monde,
De ne saisir que mes couplets.
Auditeurs qui venez m'entendre,
Ah ! soyez bons et patiens
Et je vous promets de vous laisser prendre
Un baiser quand j'aurai le temps.

MA BRUNETTE.

Le doux chant de ma brunette,
   Toute mignonnette,
   Toute joliette,
Le doux chant de ma brunette
   Me fait nuit et jour
   Rêver d'amour.

Parmis les fleurs de sa fenêtre,
Aux douces lueurs du matin,
Il faut soudain la voir paraître
Montrant son visage lutin.
Jamais l'oiseau que l'aube éveille,
Ne trouva, même au fond des bois,
Un chant fait pour charmer l'oreille,
Comme celui que dit sa voix.
   Le doux chant, etc.

Il faut la voir, alerte et folle,
Oublieuse de son chemin,

Bondir après l'oiseau qui vole,
Et le poursuivre de la main.
Sur le cristal de la fontaine
Elle se penche pour se voir,
Brunette aux longs cheveux d'ébène,
N'a jamais eu d'autre miroir.
Les cheveux de ma brunette,
    Toute mignonnette,
    Toute joliette,
Les cheveux de ma brunette
    Me font, nuit et jour,
    Rêver d'amour.

Il faut la voir chaque dimanche,
Avec son joli corset noir,
Son pied mignon, sa robe blanche.
Dans la chapelle du manoir.
Qu'elle est belle, ô Vierge Marie,
Avec son air chaste et pieux,
Il faut la voir quand elle prie,
Lever ses beaux yeux vers les cieux.
    Le doux chant, etc.

LA FAQUINO ET LA VESTO.

Ami, foou plus pensa

De remettre la vesto,

Pertout sias repoussa,

Semblo qu'aves la pesto.

Dous pans de drap de mai

Pendus dernier leis esquino,

Coumo mi gounflerai

En pourtant la faquino.

Et pui en ben d'endrés Que refusoun la vesto,
Pourrai intra tout dré Et réléva la testo,
Coumo serai un mou su, Mi feran boueno mino,

Sias toujours bien réçu Quand pourtas la faquino.

Serai dei moussurots L'intime camberado,
Faren nouestreis farots Lei jour des promenado
Eme mei douge soou Oourai une badino,
Marcherai coumo foou En portan la faquino.

A per en fé d'amour, Voou faire des counquétos,
Pourrai faire la cour Eis charmantos grisettos,
Me faou estre en couroux, Car l'orgueil leis doumino.
Sias pas seis amouroux S'aves pas la faquino.

Es lou soule muoyen Per faire de ribotos,
Trouvas crédi long-temps Dins touteis leis gargotos,
Vous cresoun ben asseta, Et sias ben din la debino,
Un aoutre pagara leis frais de la faquino.

Anaray dins Paris, Per veyre la grande ville
Jean mé feray d'amis, Véire lou prince Joinvillo,
Anaray prouména Emé ma bono amio,
Mé faray respectar En portan la faquino.

Fait par Eugène Liautaud.

LE CHANT DU DÉPART
D'UN ROI DÉGOMMÉ.

Sur l'air du tradéri déra, la, la, la.

Louis-Philippe en colère,
Dit à l'ami Guizot :
Allez, laissez-moi faire,
Vous êtes un gros sot ;
Il faut que je leur fasse
Un tour un peu bien fait,
Que j'emporte la masse,

Le cordon, s'il vous plait.

Sur l'air du tra, la, la, la,
Sur l'air du tra, la, la, la,
Sur l'air du tra déri déra,
La, la, la.

Guizot n'est pas trop bête, Avouons-le tout bas ;
Il a pas mal de tête Et j'en fais un grand cas. A lui
les écritures, Moi je fais mon paquet, Et charge mes
voitures de l'argent du budget.
Sur l'air du tra, etc.

Que le peuple est canaille De m'avoir fait cela ;
Laissons là c'te racaille, Ils ne sont bons qu'à cela.
Pour moi, je prends ma route, Je vais dans le dé-
sert, Prendre, coûte que coûte, La place d'Abd-el-
Kader.
Sur l'air du tra, etc.

D'Orléans la duchesse va donc aller à pied, Je lui
laisse l'adresse de mon ancien bottier. Qu'elle cherche un royaume Pour son jeune moutard, Mais je
crois que le môme arrivera trop tard.
Sur l'air du tra, etc.

Enfants, que la morale Suive la conclusion, C'est le
fait du scandale De la Révolution. Tout en fumant
vot' pipe, Si vous n'êtes pas contents, Rappelez Louis-
Philippe, Il vous sera constant.
Sur l'air du tra, etc.

Imprimerie J.-G. PLANTADE, à Cahors.

CHANSONS PATRIOTIQUES.

LE BOURGEOIS RASSURÉ,
OU LE RÉPUBLICAIN DU JOUR.

Air : *J'ai pris goût à la République.*

J'ai redouté longtemps la République
Plus qu'un enfant ne redoute les coups;
Mais je la vois, docile et pacifique,
Or, sur ma foi, je ne crains plus ses coups.
Non, mes amis, elle n'est point tigresse !
Tout bourgeois peut l'accepter sans terreur :
Elle ne veut dévorer que la Presse,
Je n'ai plus peur, amis, je n'ai plus peur.

On m'avait dit qu'on allait voir en France
L'égalité promener son niveau,
Et que des grands, abaissant la puissance,
Le peuple irait prendre place au château.
Illusion que tous ces bruits sinistres.
Nos vielles lois n'ont que plus de vigueur ;
On n'a changé que le nom des ministres :
Je n'ai plus peur, amis, je n'ai plus peur.

On m'avait dit qu'elle était furieuse
Contre les gens qui se vautraient sur l'or,
Et qu'elle allait, d'une main vigoureuse,
Pour l'indigent, rançonner leur trésor.
Mais, respectant un droit bien légitime,
Elle permet que sur le producteur
L'usure encor lève deux fois sa dîme.
Je n'ai plus peur, amis, je n'ai plus peur.

On m'avait dit qu'un jour, dans sa colère,
Elle avait fait décapiter un roi,
Ne voulant pas, en son principe austère,
Que rien ne fôt au dessus de la loi.
Mais aujourd'hui combien elle est meilleure !
Du bon Philippe elle plaint la douleur :
Sur son destin même on dit qu'elle pleure ;
Je n'ai plus peur, amis, je n'ai plus peur.

On m'avait dit : Seulement au mérite
Elle saura dispenser les emplois ;
Plus de flatteurs, race vile, hypocrite,
Qui profanait la justice et les lois.
Mais chaque jour, même en son sanctuaire,
Elle sourit à maint adulateur,
Vertu pour elle est moins que *savoir faire*.
Je n'ai plus peur, amis, je n'ai plus peur.

LE VRAI SOLDAT.

Vous souvient-il de notre vieille armée,
Disait tout haut un soldat d'autrefois,
A la phalange impudemment armée
Pour soutenir les papes et les rois.
Vous souvient-il de notre vieille gloire ;
Vous souvient-il de nos nombreux succès ;
Braves soldats, courez à la victoire,
Mais sur le peuple, ah ! ne tirez jamais.

Vous souvient-il des hordes étrangères
se repliant sous les murs de Berlin ;
Vous souvient-il quand des Français, nos frères,
Virent crouler les vieux murs du Kremlin.
Vous souvient-il de la lâche Ibérie
Se prosternant aux pieds du nom français ;
Braves soldats, mourez pour la patrie,
Mais sur le peuple, etc.

Vous souvient-il quand l'ingrate fortune
Par des revers absorbait nos soldats,
Du noble cri que poussa la patrie :
La garde meurt ! elle ne se rend pas !!
Dans nos foyers, les yeux baignés de larmes,
La rage au cœur nous rentrâmes en paix ;
Loin des combats suspendez donc vos armes.
Mais sur le peuple, etc.

Vous souvient-il de cette belle aurore
Qui s'élevait annonçant de beaux jours.
Dans l'avenir nous espérons encore
Pour renverser les tyrans et leurs cours.
Vous souvient-il des lâches impostures
Dont on berça les crédules Français;
Braves soldats, tirez sur les parjures,
Mais sur le peuple, etc.

A vos neveux, sous le chaume paisible,
Vous montrerez votre sabre rouillé ;
Vous leur direz que, toujours invincible,
Du sang français il ne s'est pas souillé.
Vous leur direz en quittant leur demeure,
A vos drapeaux, fidèles désormais :
Partez, enfants, du combat sonne l'heure,
Mais sur le peuple, ah ! ne tirez jamais.

UN SOUS-OFFICIER.

LA RÉPUBLIQUE SOC.

Par un représentant démoc et soc.

Air : *Les gueux, les gueux.*

La soc, la soc,
Rendra la démoc
Ferme comme un roc.
Vive la soc !

C'est en vain que l'on invoque
L'accord du sceptre et du froc ;
Le vieux monde se disloque,
Il n'attend qu'un dernier choc.
La soc, la soc, etc.

Le peuple est, à chaque époque,
Fait au même... par raccroc ;
Mais lui, que rien n'interloque,
Se rattrape par un bloc.
La soc, la soc, etc.

Amis, faisons un colloque,
Réunis autour d'un broc :
La piquette nous provoque.
Hélas ! C'est notre Médoc !
    La soc, la soc, etc.

Quand Barrot, d'un ton baroque,
Nous parle *ab hac et ab hoc*,
Son accent de ventriloque,
Sur nous fait l'effet d'un looch.
    La soc, la soc, etc.

O République équivoque !
Quant ta jupe a maint accroc
Ce n'est plus qu'une défroque
Qu'il te faut suspendre au croc.
    La soc, la soc, etc.

Marchands que la banque escroque,
Et vous qui portez l'estoc,
Vous que l'atelier convoque,
Vous dont la main tient le soc.
    La soc, la soc, etc.

« Rouges *!* » dit-on, l'on s'en moque,
Il est temps de faire un troc.
Cette couleur vous suffoque ;
C'est la cocarde du coq.
    La soc, la soc, etc.

Sur l'air des *Gueux*, ça vous choque.
J'ai mis ma chanson en *oc* ;
C'est que les gueux sous leur loque
Ont un cœur qui fait : tic-toc.

    La soc, la soc,
    Rendra la démoc
    Dure comme un roc.
    Vive la soc !

Chalon-S.S. — Imprimerie de J. Duchesne.

CHANSONS PATRIOTIQUES.

Vive le peuple de Paris.

Air : V'la c'que c'est qu'd'avoir du cœur.

Vive le peuple de Paris ,
Ils sont tous frères , tous amis ,
Ils ont battu les ennemis ,
  Et sans plus attendre ,
  Il faut bien se rendre ,
L'univers en sera surpris ;
Vive le peuple de Paris !

Chacun a montré sa valeur
En se battant de tout son cœur ;
Notre ennemi , dans sa frayeur ,
  Voulait mettre l'ordre ,
  Malgré le désordre ,
On entendait partout les cris :
Vive le peuple de Paris !

L'ouvrier comme l'artisan ,
Le vieillard comme l'enfant ,
Marchant , baïonnette en avant ,
  Font par leur courage ,
  Cesser le carnage ,
L'ennemi même en fut surpris ;
Vive le peuple de Paris !

Est-il une plus noble ardeur ,
Dignes enfants de la valeur ,
Que de marcher au champ d'honneur
  Avec assurance ,
  Avec confiance ,
Vous sauvez tout notre pays ;
Vive le peuple de Paris !

Chant des Girondins.

Français, laisseras-tu flétrir
Ces lauriers qui ceignent ta tête;
Sous le Czar faudrait fléchir,
Veut-on nous vaincre pour subir
Le honteux destin qui s'apprête !
Oh ! plutôt mille fois mourir.
   Mourir pour la patrie,
   Mourir pour la patrie,
   C'est le sort le plus beau,
   Le plus digne d'envie.   bis.

   Réunissez-vous à ma voix
Sous des lois qui sont votre ouvrage,
C'est là l'égide de vos droits.
L'ennemi vaincu tant de fois
Provoque encore votre courage;
Volez à de nouveaux exploits.
   Mourir pour, etc.

   Entendez ce soldat vengeur,
Mourant d'une large blessure;
Par son courage et son ardeur;
Le sang qui coule au champ d'honneur,
D'un vrai guerrier c'est la parure,
C'est le gage de sa valeur.
   Il meurt pour, etc.

   L'Autriche, que tout bras vengeur
A partout cent fois terrassé,
Oserait-elle être vainqueur.
Français, par quel excès d'horreur
Tu verrais ta gloire éclipsée;
Non, j'en jure par ta valeur
   Mourir pour, etc.

   Mais j'entrevois ces jours heureux
Ou l'égalité triomphante
Rappèlera les cris, les jeux.
Plus de combat, de maux affreux;
Dans la France libre, puissante,
Retentira ce champ joyeux :
   Vivons pour le patrie.   bis.

Le Conscrit Républicain.

Adieu ma chère Isabelle,
Je pars, je vole au combat,
La République m'appèle
Pour être au nombre de ses soldats.
C'est mon envie
Et le bonheur le plus grand
D'être au nombre des enfants,
Des bons enfants de la patrie !

Plein d'amour et d'espérance,
Je sens palpiter mon cœur ;
Oui, je veux servir la France
Et mourir au champ d'honneur.
C'est, etc.

Sous le drapeau de la gloire,
En intrépide guerrier,
Courons tous à la victoire
Pour moissonner des lauriers.
C'est, etc.

Sur le bord de nos frontières,
Marchons d'un pas triomphant,
Et jurons, sous la bannière,
De terrasser les mechants.
C'est, etc.

En bons Français magnanimes,
Soyons tous du même accord ;
La liberté nous anime,
Battons nous jusqu'à la mort.
C'est mon envie
Et le bonheur le plus grand
D'être au nombre des enfants,
Des bons enfants de la patrie.

Les Noces de Mademoiselle Bocage.

PAROLES DE NOEL MOURET.

Air : Tic, tic et tac, tin, tin (DESAUGIERS).

Dieu ! qu'j'ai rigolé, qu'j'ai rigolé,
Au mariage de la fille à Bocage,
J'ai tant rigolé, tant rigolé,
Que sous la table j'm'en suis rouler.

J' m'en souviens, c'était un lundi de Pâques,
Il gelait comme à la fête des rois ;
Le futur était raid' comme un Jacques,
Sa p'tite femme avait des engelures aux doigs.

A l'église pour mettre l'anneau d'mariage,
Le futur poussait en clignant d' l'œil.
L'suiss' leur dit : mes enfants du courage.
Dans huit jours il entrera tout seul.

Le repas fut vraiment magnifique :
Trois canards aux pomm's, un rôti d'veau,
Et le picton aurait coupé la chique
Aux abonnés du petit Ramponneau.

Sous la tabl', comme un lapin de gouttière,
Nicolas s'faufile, mais le nigaud,
Sous le g'nou cherche en vain la jarretière,
La marié' tout bas lui dit : plus haut !

A minuit, au milieu d'une danse,
La marié' jette un cri de douleur,
Connaissant la cause de sa souffrance,
L' fils du mair' courut chez l'accoucheur.

Le mari faisait triste figure,
Quand son épouse lui dit en l'embrassant.
Des souffrances qu'aujourd'hui j'endure,
Je jure ici que t'es bien innocent.

Le marié dit : je suis fait au même,
Dans notre famille ça nous arrive à tous ;
On dit que mon pèr', le jour de mon baptême,
Disait voilà quinz' jours que j'suis époux.

Quand chacun eut bien rempli sa bosse,
Le matin ce fut une autr' chanson,
Pour régler les dépenses de la noce
On fut obligé de tirer le chausson.

Nantes, imp. Busseuil.

La Fiancée d'Eloi.

Air : Vive le roi. (Paul Henrion).

REFRAIN. Maman, j'vas me marier,
    C'est d'Eloi le marinier   bis.
    Que je vas êtr' la femme,
  Oui, c'est un charmant garçon,
    Il est doux, il est bon,   bis.
    C'est lui que j'réclame.
    Vive Eloi, vive Eloi,
  Vive Eloi qui veut bien de moi,
    Vive Eloi, vive Eloi,
    Eloi veut bien de moi.

    Eloi sera mon mari,
Oui, déjà j'en suis jalouse,
Oui, c'est mon amant chéri,
C'est lui seul qui faut que j'épouse.
C'est le coq de nos jeun's gens,
Enfin c'est la bonté même,
Depuis qu'il sait qu' j'ai dix mille francs,
Vous n'savez pas comme il m'aime.
    Maman, j'vas, etc.

    Le p'tit Jean veut m'épouser,
Mais il a perdu sa peine :
C'est d'main que j' vas le r'fuser,
Il n' navigue pas sur la Seine.
Dieu ! que mon destin est beau,
Pour le bonheur je m'embarque,
Quand j'voudrai m' promener sur l'eau
Eloi conduira la barque.   Maman, etc.

    L'autre jour près du moulin,
J' le r'gardais qu'il faisait la planche,
Je glisse et je prends un bain
Toute habillée en dimanche ;
Eloi, vient à moi vivement
Et me r'tire de la rivière.
Ce jour-là j' lui fis l' serment
D' l'épouser pour son salaire.   Maman, etc.

A la fête de chez nous ,
Ah ! pour moi quel avantage ,
Il passait pour mon époux
Dans les quatre coins du village.
J'étais fier' d'être à son bras ,
En m'prom'nant sous les charmilles.
Maman s'il n' m'épousait pas
Vous auriez bientôt deux filles.

Maman faut me marier,
Car Eloi le marinier
Me trotte dans l'âme ,
A lui seul je veux m'unir,
Voilà tout mon désir,
C'est lui qui m'enflamme.
Vive Eloi , vive Eloi.
Vous d'vez chanter avec moi,
Vive Eloi , vive Eloi ,
Car il veut bien d'moi.

bis.

La Promesse de Mariage.

Air des yeux Bleus.

Oui , je veux ma foi ,
Vivre sous ta loi ,
Je s'rais près de toi ,
Ma gentille femme ,
Oui , je veux ma foi :
Vivre sous ta loi ,
L'amour le réclame ,
Et l'amour c'est toi.

Je veux près de ma bien aimée
Goûter le bonheur et l'amour,
Je veux dans toute la journée
Pouvoir admirer tes atours.

Je veux de Paul et Virginie
Imiter le couple charmant ;
Je veux passer toute ma vie
A charmer tes plus cours instants.

Je serais dans notre ménage
Le plus fidèle des maris,
Je n'aurais que toi pour partage,
J'en fais le serment aujourd'hui.

Frédéric V.

Nous ne sommes plus petits.

Air : Lionne défends tes petits.

Comme l'auteur qui chanta la lionne,
Je veux chanter aussi tous les abus
Pour que mon nom comme le sien foisonne ;
Tout comme lui démontrer des vertus,
J'ai de la force et quoique prolétaire,
De l'opulent je crains peu le mépris :
Plus n'est besoin de l'aîle d'une mère,
Car nous ne sommes plus petits.

Puisque tu dors, vieille littérature ;
A ce qu'a dit un de tes chers enfants,
Dors donc en paix sans craindre la censure
Qui mord très-peu, car elle est brèche-dents ;
Tes nombreux fils regardant en arrière,
De sa morsure ont vu leurs fronts rougis,
Mais nous saurons protéger notre mère,
Car nous ne somme plus petits.

Ne craignons pas de nos lois les entraves ;
Puisqu'en juillet nos bras ont empêché
Qu'un roi cagot nous traitent en esclaves,
Car les Français du sang font bon marché.
On ne voit plus trafiquer sur un frère,
Que les colons soient ou non abrutis,
Les blancs, les noirs servent la même mère ;
Car nous ne sommes plus petits.

France on a dit que toi, divine femme,
Portait tes pas vers les enfants trouvés,
C'est blasphémer et ton cœur et ton âme
Que t'accuser de sens si dépravés.
Comme l'abeille on te vit ouvrière,
C'est notre tour et malheur aux maudits,
Nous les tuerons! bénis nous bonne mère,
Car nous ne sommes plus petits.

Ne craignons pas qui se cache dans l'ombre
Et que nos corps forment un seul anneau,
Des ennemis et qu'importe le nombre,
Ils pâliront devant notre drapeau.
L'on a vu quelquefois l'Angleterre
Sur ses vaisseaux insulter au pays,
Que notre sang coule pour notre mère,
Car nous ne sommes plus petits.

Pour accomplir le bonheur populaire
Raillons-nous pour de nobles travaux ;
Fier Léopard, entre nous c'est la guerre !
Incline-toi devant les lionceaux.
Si la lionne hérisse sa crinière
Quand les chasseurs dans l'ombre sont sortis,
Périssons tous pour sauver notre mère ,
Car nous ne sommes plus petits.

Auguste Lemasson.

Le Rêve d'une Vieille Femme.

Parodie du rêve d'une jeune fille.

Air des bleuets.

Vous dont un songe a gardé du jeune âge
Ces mots charmants qu'on vous disait un jour :
Femme sensible entends tu le ramage
De ces oiseaux qui célèbrent l'amour ?
Tout ça c'est vieux quand soixante ans s'écoulent
On ne doit plus songer aux amoureux ;
En attendant que les oiseaux roucoulent,
Priez Jésus, vous ferez beaucoup mieux.

Vous qui croyez qu'un jeune homme regarde
Tous ces brillants qui forment vos atours,
De vous aimer croyez bien qu'on se garde...
Qu'avez-vous donc pour charmer les amours ?
Un œil de verre, une fausse denture,
Un faux toupet pour cacher vos cheveux ;
Plutôt que d'être une caricature.
Priez Jésus, vous ferez beaucoup mieux.

Pour nous tenter et paraître une grâce.
Vous retroussez le tour d'un faux mollet,
Du vermillon pour cacher votre crasse,
Puis du coton rempli votre corset ;
Sans un coussin vous n'auriez pas de hanches,
Comme un cabas tous vos ronds seraient creux ;
Songer plutôt à vos habits de planches :
Priez Jésus, vous ferez beaucoup mieux.

C'est en dormant qu'une vieille coquette
De son amant entendait les discours.
Se réveillant elle en perdit la tête,
Elle maudit le fard et les atours.
Deux jours après on vit chez la lingère
Des faux-mollets, l'œil et les faux cheveux ;
Et notre vieille, à genoux sur la pierre,
Priait Jésus et faisait beaucoup mieux.

L'ouvrier.

Air de la Lionne.

Depuis lontemps, oui, je suis sans ouvrage,
Mais comment faire ? dites-le moi, hélas !
Car je le sens je n'ai plus de courage
Et tous les jours j'appelle le trépas.
De mes enfants je vois couler les larmes,
En me disant : père nous avons faim.
Je leur réponds calmez donc vos alarmes,
Demain peut-être vous aurez du pain.

Au temps jadis que j'étais dans l'aisance,
Parents , amis, tous venaient m'accueillir,
Mais à présent je suis dans la souffrance ,
Pas un ingrat ne vient me secourir.
Si vous donnez, l'on vous regarde en frère
Et tout chacun vient vous serrer la main ;
Mais maintenant je suis dans la misère,
Aucun hélas ! ne vient m'offrir du pain.

Que voyez-vous dans toutes nos fabriques,
Venir s'offrir quantité d'étrangers,
Pour travailler à des prix très-modiques,
Et nous, Français, nous ne pouvons manger ;
Les maîtres , à nous , bien souvent les préfère
Et nous regardent avec un froid dédain,
Dans notre France que viennent-ils donc faire ?
Nous braver tous et manger notre pain.

Nous n'avons pas besoin dans notre France
Des étrangers pour faire nos travaux ,
Non, car nos bras sont assez je le pense,
Pour soulager nos peines et nos maux.
Qu'ils portent donc ailleurs leur industrie
Et qu'ils nous laissent tranquille, car enfin,
Si tout chacun restait dans sa patrie
Paisiblement on mangerait du pain.

La Nouvelle Parisienne.

Air de la Parisienne de 1830.

La politique du système
Vient de finir par s'enferrer,
Des citoyens la voix suprême
L'oblige de se retirer.
Peuple français , de notre histoire
Conservons toujours la mémoire ;

Si nous combattons :
Si nous triomphons ,
Il ne faut pas qu'un nouvel histrion
Exploite la victoire.   bis.

La Nation a fait justice
Au roi Philippe égalité,
A ce tyran plein d'injustice
Va succéder la liberté.
Concitoyens de notre histoire,
Conservons toujours la mémoire ;
    Si , etc.

Ennemis de la tyrannie,
Gouvernement improvisé
Soyez élu par la patrie ,
Le gardien de la liberté.
Concitoyens , etc.

Honneur à la brave jeunesse
Des Ecoles et de Paris ,
Voilà leur titre de noblesse :
Ils sont défenseurs du pays.
Courage, vos rêves de gloire
Brilleront un jour dans l'histoire.
    Si , etc.

Vive à jamais la République ,
Peuple français soyons unis ;
Plus de système monarchique ,
Des peuples soyons les amis.
Concitoyens , etc.

Embrassons nos amis sincères ,
Les soldats de la royauté ;
Gardes nationaux, nos frères,
En peuple de fraternité.
Concitoyens de notre histoire .
Conservons toujours la mémoire ;
    La division
    Détruit l'union,
Assurons intact à la Nation ,
    Le fruit de la victoire

Adolphe MAURIN, de Bar-le-Duc.

La Petite Madeleine.

Air du Corbeau.

Un beau jour dans la plaine , assis sur le gazon ,
Je vis gente Madeleine chanter une chanson ,
Je voulus de la belle , eu récitant ces vers ,
Lui déployer mon zèle sous la feuille à l'envers ,
    Au jeu du tra la la la , etc.

Pas tant de badinage , monsieur soyez prudent ,
Car je crains du village survienne maman.
Adhère à ma demande , belle n'hésite pas ;
Et je m'en vais t'apprendre le jeu du tra la , etc.

La pauvre Madeleine se laissa gagner,
Mais jugez de sa peine , son jupon est fripé.
Que vas dire ma mère , me voilà dans d'beau drap.
Eh bien , dis-lui , ma chère ,
    Que tu joues du tra la la, etc.

Reproche de la mère.

D'où venez-vous , mam'selle , le visage défait.
Ah! petite cruelle je devine et c'est vrai ,
Eh bien, pour vous apprendre je vais vous corriger.
Maman j'eus beau me défendre ; il fallut adhérer
    A jouer du tra la la , etc.

Mad'leine a du chagrin, se plaint du mal de cœur,
Ça lui tient dans les reins, lui faudrait un docteur.
L'on prétend qu'avant peu il faudra l'opérer,
Cet accident fâcheux provient d'avoir joué
    Au tra la la la , etc.

DECOURCELLE.

Nantes , imp. Busseuil.

CHANSONS PATRIOTIQUES.

La Marseillaise de 93.

Allons , enfants de la Patrie !
Le jour de gloire est arrivé ;
Contre nous , de la tyrannie
L'étendard sanglant est levé.   *bis.*
Entendez-vous dans nos campagnes
Mugir ces féroces soldats ,
Ils viennent jusque dans vos bras
Egorger vos fils , vos compagnes.
Aux armes ! citoyens , formez vos bataillons ,
    Marchons , marchons ,
Qu'un sang impur abreuve nos sillons.

    Que veut cette horde d'esclaves ,
De traîtres , de rois conjurés ?
Pour qui ces ignobles entraves ,
Ces fers dès longtemps préparés ?   *bis.*
Français , pour nous , ah ! quel outrage !
Quels transports il doit exciter !
C'est nous qu'on ose méditer
De rendre à l'antique esclavage.
    Aux armes , etc.

    Quoi! des cohortes étrangères
Feraient la loi dans nos foyers !
Quoi ! ces phalanges mercenaires
Terrasseraient nos fiers guerriers ?   *bis.*
Grand Dieu ! par des mains enchaînées
Nos fronts sous le joug se ploieraient ,
De vils despotes deviendraient
Les maîtres de nos destinées !
    Aux armes , etc.

Tremblez! tyrans, et vous, perfides,
L'opprobre de tous les partis,
Tremblez! vos projets parricides
Vont enfin recevoir leur prix.   *bis.*
Tout est soldat pour vous combattre :
S'ils tombent, nos jeunes héros,
La terre en produit de nouveaux
Contre vous tous prêts à se battre.
    Aux armes, etc.

Français, en guerriers magnanimes,
Portez, ou retenez vos coups ;
Epargnez ces tristes victimes,
A regret s'armant contre nous.   *bis.*
Mais ces despotes sanguinaires,
Mais les complices de Bouillé,
Tous ces tigres qui, sans pitié,
Déchirent le sein de leur mère !
    Aux armes, etc.

LES ENFANTS.

Nous entrerons dans la carrière,
Quand nos aînés n'y seront plus,
Nous y trouverons leur poussière
Et la trace de leurs vertus.
Bien moins jaloux de leur survivre
Que de partager leur cercueil,
Nous aurons le sublime orgueil
De les venger ou de les suivre.
    Aux armes, etc.

Amour sacré de la patrie !
Conduis, soutiens nos bras vengeurs.
Liberté! liberté chérie,
Combats avec tes défenseurs.   *bis.*
Sous nos drapeaux, que la victoire
Accoure à tes mâles accents,
Que tes ennemis expirants
Voient ton triomphe et notre gloire.
    Aux armes, etc.

Que l'amitié, que la patrie
Fassent l'objet de tous nos vœux ;

Ayons toujours l'âme nourrie
Des feux qu'ils inspirent tous deux.
Soyons unis, tout est possible,
Vos vils ennemis tomberont ;
Alors, les Français cesseront
De chanter ce refrain terrible :
Aux armes ! citoyens, formez vos bataillons,
Marchons, marchons,
Qu'un sang impur abreuve nos sillons !

Dialogue

ENTRE LOUIS-PHILIPPE ET GUIZOT.

REFRAIN. Louis-Philippe dit à Guizot :
Vite il n'est pas trop tôt,   bis.
Mal va notre affaire,
Car le peuple parisien
Trouv'que ça ne va pas bien   bis.
D'puis la semaine dernière.
Décampons.   bis.
Mieux vaut passer pour capon ;
Décampons   bis.
Ou gare au tampon.

Guizot à Louis-Philippe.

Polignac et Peyronnet
L'ont échappé, Dieu sait comme,
Mais toi qui n'as pas d'jarret
File de peur qu'on te dégomme :
C'est tout c'qui peut t'arriver.
Tu sais que partout, en France,
On voudrait t'voir esquivé :
Pas avant d'courir la chance.
Partons mon ami Guizot, etc.

Louis-Philippe à Guizot.

Souviens-toi bien du traité
Avec la reine d'Angleterre ;
T'as violé la liberté
Et trompé la France entièr .

Combien serais-tu méchant
Si l'on prenait ta pâture,
Te batt'rais-tu sur-le-champ ?
Non ! j'prendrais vite une voiture.
Partons mon ami Guizot, etc.

Guizot à Louis-Philippe.

J'ai lu c'matin un p'tit mot
Dans l'Constitutionnel,
Il nous apprend qu'il f'ra chaud
Sous les murs de mon hôtel.
A moi le dernier Bourbon,
Ainsi qu'à mon ministère ;
Gare à nous ! c'est pour de bon ;
Décampons avant l'affaire.
Partons mon ami Guizot, etc.

Les dernières espérances de Louis-Philippe.

Les fortifications
Sont-elles donc là pour des prunes ?

Guizot.

Non, mais les révolutions
Rétablissent les tribunes.
Fais appel à tes amis
Et plie bagage de suite,
Car les enfants de Paris
Nous donn'raient bien la poursuite.
Partons, etc.

L'Ouvrier.

Air de la Lionne.

Depuis longtemps, oui, je suis sans ouvrage,
Mais comment faire ? dites-le moi, hélas !
Car je le sens je n'ai plus de courage
Et tous les jours j'appelle le trépas.
De mes enfants je vois couler les larmes,
En me disant : père nous avons faim.
Je leur réponds calmez donc vos alarmes,
Demain peut-être vous aurez du pain.

Au temps jadis que j'étais dans l'aisance ,
Parents , amis , tous venaient m'accueillir ;
Mais à présent je suis dans la souffrance ,
Pas un ingrat ne vient me secourir.
Si vous donnez , l'on vous regarde en frère ,
Et tout chacun vient vous serrer la main :
Mais maintenant je suis dans la misère ,
Aucun , hélas ! ne vient m'offrir du pain.

Que voyez-vous dans toutes nos fabriques ,
Venir s'offrir quantité d'étrangers ,
Pour travailler à des prix très-modiques ,
Et nous , Français , nous ne pouvons manger;
Les maîtres , à nous , bien souvent les préfère
Et nous regardent avec un froid dédain ,
Dans notre France que viennent-ils donc faire ?
Nous braver tous et manger notre pain.

Nous n'avons pas besoin dans notre France
Des étrangers pour faire nos travaux ,
Non , car nos bras sont assez , je le pense ,
Pour soulager nos peines et nos maux.
Qu'ils portent donc ailleurs leur industrie ,
Et qu'ils nous laissent tranquille, car enfin,
Si tout chacun restait dans sa patrie ,
Paisiblement on mangerait du pain.

La Promesse de Mariage.

Air des Yeux bleus.

Oui, je veux, ma foi,
Vivre sous ta loi,
Je s'rais près de toi,
Ma gentille femme,
Oui, je veux ma foi,
Vivre sous ta loi,
L'amour le réclame,
Et l'amour c'est toi.

Je veux près de ma bien-aimée
Goûter le bonheur et l'amour,
Je veux dans toute la journée
Pouvoir admirer tes atours.

Je veux de Paul et Virginie
Imiter le couple charmant ;
Je veux passer toute ma vie
A charmer tes plus cours instants.

Je serais dans notre ménage
Le plus fidèle des maris,
Je n'aurais que toi pour partage,
J'en fais le serment aujourd'hui.

ADIEUX DE LOUIS-PHILIPPE

AU PEUPLE FRANÇAIS.

Air : *Du curé de Pomponne.*

Je te quitte, grand Parisien ;
De Londres j'prends la route ;
J'te volais et je croyais bien
Que tu n'y voyais goutte ;
Mais tu t'aperçus de mes tours
Et tu m'fiches à la porte.
J'ai souhaité pendant les trois jours
Que le diable t'emporte.

Hélas ! tu n'veux plus d'royauté,
C'est un'bien drôl'de chose,
Si tu n'as pas ta liberté,
J'sais bien q'j'en suis la cause.
Mais c'maudit polisson d'Guizot,
Que j'croyais bon ministre,
Me fait faire un bien drôl'de saut :
Je crois que c'est un vrai cuistre.

Enfin, puisque tu n'veux plus d'moi,
Faut bien que j'quitte le trône ;
L'Anglais, qu'est plus généreux qu'toi,
Va p't-être me fair' l'aumône.
C' qui m'fait d'la peine c'est qu'pour jamais
Faut qu'j'abandonn'ma terre.
Je n'te gouvern'rai plus, bon Français ;
Faut qu'j'aille en Angleterre.

Oui , c'est une abomination ,
Tout l'mond' s'en épouvante ;
J'aimais mieux la révolution
D' l'année mil huit cent trente ,
Celui qui m'a mis à ce rang ,
Maint'nant v'là qu'il m'en chasse
V'là pourtant c'que c'est d'êtr'tyran ;
Voyez par où que j'passe.

On m' fait souscrire à d'nouvelles lois ,
On n'veut pas que j'les viole ;
Ce mâtin de peuple gaulois
N'veut plus qu'je l'vole.
Faut avouer que d'puis dix-huit ans ,
V'là quelqu's millions que j'chippe
Maint'nant vous n's'rez plus , mes enfants ,
Volés par Louis-Philippe.

Le Conscrit Républicain.

Adieu, ma chère Isabelle ;
Je pars, je vole au combat,
La République m'appelle
Pour être au nombre de ses soldats.

C'est mon envie
Et le bonheur le plus grand
D'être au nombre des enfants,
Des bons enfants de la patrie !

Plein d'amour et d'espérance ,
Je sens palpiter mon cœur ;
Oui, je veux servir la France
Et mourir au champ d'honneur.
    C'est, etc.

Sous le drapeau de la gloire ,
En intrépide guerrier,
Courons tous à la victoire
Pour moissonner des lauriers.
    C'est, etc.

Sur le bord de nos frontières,
Marchons d'un pas triomphant,
Et jurons, sous la bannière,
De terrasser les méchants.
    C'est, etc.

En bons Français magnanimes
Soyons tous du même accord ;
La liberté nous anime,
Battons-nous jusqu'à la mort.
    C'est mon envie
    Et le bonheur le plus grand
    D'être au nombre des enfans
    Des bons enfans de la patrie.

La Nouvelle Parisienne.

Air de la Parisienne de 1830.

La politique du système
    Vient de finir par s'enferrer;
    Des citoyens la voix suprême
    L'oblige de se retirer.
Peuple français, de notre histoire
Conservons toujours la mémoire.
    Si nous combattons :
    Si nous triomphons,
Il ne faut pas qu'un nouvel histrion
    Exploite la victoire.   bis.

La Nation a fait justice
    Au roi Philippe égalité,
    A ce tyran plein d'injustice
    Va succéder la liberté.
Concitoyens de notre histoire,
Conservons toujours la mémoire ;
    Si, etc.

Ennemis de la tyrannie,
    Gouvernement improvisé
    Soyez élu par la patrie,
    Le gardien de la liberté.
Concitoyens, etc.

Honneur à la brave jeunesse
Des Ecoles et de Paris,
Voilà leur titre de noblesse ;
Ils sont défenseurs du pays.
Courage, vos rêves de gloire
Brilleront un jour dans l'histoire.
    Si, etc.

Vive à jamais la République,
Peuple français soyons unis ;
Plus de système monarchique,
Des peuples soyons les amis.
Concitoyens, etc.

Embrassons nos amis sincères ;
Les soldats de la royauté ;
Gardes nationaux, nos frères ;
En peuple de fraternité.
Concitoyens de notre histoire,
Conservons toujours la mémoire ;
    La division
    Détruit l'union ,
Assurons intact à la Nation ,
    Le fruit de la victoire.

Les Noces de mademoiselle Bocage.

PAROLES DE NOEL MOURET.

Air : Tic, tic et tac, Tin, tin. (DESAUGIERS).

Dieu ! qu' j'ai rigolé, qu' j'ai rigolé,
Au mariage de la fille à Bocage,
J'ai tant rigolé, tant rigolé,
Que sous la table; j' m'en suis rouler.

J' m'en souviens, c'était un lundi de Pâques,
Il gelait comme à la fête des Rois ;
Le futur était raid' comme un Jacques,
Sa p'tite femme avait des engelures aux doigts.

A l'église pour mettre l'anneau d'mariage,
Le futur poussait en clignant d' l'œil.
L'suiss' leur dit : mes enfants, du courage,
Dans huit jours il entrera tout seul.

Le repas fut vraiment magnifique ;
Trois canards aux pommes, un rôti d'veau,
Et le picton aurait coupé la chique
Aux abonnés du petit Ramponneau.

Sous la table, comme un lapin de gouttière,
Nicolas s'faufile, mais le nigaud,
Sous le g'nou cherche en vain la jarretière,
La mariée tout bas lui dit : plus haut !

A minuit, au milieu d'une danse,
La mariée jette un cri de douleur,
Connaissant la cause de sa souffrance,
L' fils du maire courut chez l'accoucheur.

Le mari faisait triste figure,
Quand son épouse lui dit en l'embrassant :
Des souffrances qu'aujourd'hui j'endure,
Je jure ici que t'es bien innocent.

Le marié dit : je suis fait au même,
Dans notre famille çà nous arrive à tous ;
On dit que mon père, le jour de mon baptême,
Disait voilà quinze jours que je suis époux.

Quand chacun eut bien rempli sa bosse,
Le matin ce fut une autre chanson,
Pour régler les dépenses de la noce,
On fut obligé de tirer le chausson.

Le Rêve d'une Vieille Femme.

Parodie du Rêve d'une Jeune Fille.

Air des Bleuets.

Vous dont un songe a gardé du jeune âge
Ces mots charmants qu'on vous disait un jour :
Femme sensible entends-tu le ramage
De ces oiseaux qui célèbrent l'amour ?
Tout ça c'est vieux quand soixante ans s'écoulent
On ne doit plus songer aux amoureux ;
En attendant que les oiseaux roucoulent,
Priez Jésus, vous ferez beaucoup mieux.

Vous qui croyez qu'un jeune homme regarde
Tous ces brillants qui forment vos atours

De vous aimer croyez bien qu'on se garde...
Qu'avez-vous donc pour charmer les amours ?
Un œil de verre, une fausse denture,
Un faux-toupet pour cacher vos cheveux ;
Plutôt que d'être une caricature,
Priez Jésus, vous ferez beaucoup mieux.

Pour nous tenter et paraître une grâce,
Vous retroussez le tour d'un faux mollet,
Du vermillon pour cacher votre crasse,
Puis du coton rempli votre corset ;
Sans un coussin vous n'auriez pas de hanches,
Comme un cabas tous vos ronds seraient creux ;
Songer plutôt à vos habits de planches :
Priez Jésus, vous ferez beaucoup mieux.

C'est en dormant qu'une vieille coquette
De son amant entendait les discours.
Se réveillant elle en perdit la tête,
Elle maudit le fard et les atours.
Deux jours après on vit chez la lingère
Les faux-mollets, l'œil et les faux cheveux ;
Et notre vieille, à genoux sur la pierre,
Priait Jésus et faisait beaucoup mieux.

La Fiancée d'Eloi.

Ref.   Maman, j'vas me marier,
C'est d'Eloi le marinier
Que je vas êtr' la femme,
Oui, c'est un charmant garçon,
Il est doux, il est bon,   bis.
C'est lui que j'réclame.
Vive Eloi, vive Eloi,
Vive Eloi qui veut bien de moi.
Vive Eloi, vive Eloi,
Eloi veut bien de moi.

Eloi sera mon mari,
Oui, déjà j'en suis jalouse,
Oui, c'est mon amant chéri,
C'est lui seul qui faut que j'épouse.
C'est le coq de nos jeun's gens,

Enfin c'est la bonté même,
Depuis qu'il sait qu'j'ai dix mille francs,
Vous n'savez pas comme il m'aime.
    Maman, j'vas, etc.

    Le p'tit Jean veut m'épouser ;
Mais il a perdu sa peine :
C'est d'main que j'vas le r'fuser,
Il n'navigue pas sur la Seine.
Dieu ! que mon destin est beau,
Pour le bonheur je m'embarque,
Quand j'voudrai m'promener sur l'eau
Éloi conduira la barque.
    Maman, etc.

    L'autre jour, près dn moulin,
J'le r'gardais qu'il faisait la planche,
Je glisse et je prends un bain
Toute habillée en dimanche ;
Éloi vient à moi vivement
Et me r'tire de la rivière.
Ce jour-là j'lui fis l' serment
D'l'épouser pour son salaire.
    Maman, etc.

    A la fête de chez nous,
Ah ! pour moi quel avantage,
Il passait pour mon époux
Dans les quatre coins du village.
J'étais fière d'être à son bras,
En m'prom'nant sous les charmilles.
Maman s'il n'm'épousait pas,
Vous auriez bientôt deux filles.
    Maman faut me marier,
    Car Eloi le marinier
    Me trotte dans l'âme,
A lui seul je veux m'unir,
    Voilà tout mon désir,
    C'est luii qu m'enflamme.
    Vive Eloi, vive Eloi.
Vous d'vez chanter avec moi,
    Vive Eloi, vive Eloi,
    Car il veut bien d'moi

Nantes, imp. Busseau.

CHANSONS
PATRIOTIQUES.

La Républicaine

DE 1848.

Air de la Marseillaise.

Salut , ô ma belle patrie !
Sois donc libre encore une fois ;
Que le commerce et l'industrie
Refleurissent par tes exploits ; (bis.)
Que ton élan patriotique
Fasse cheminer le progrès
En nous groupant sur les agrès
Du vaisseau de la République.

Debout , républicains , pour soutenir nos droits ,
       Marchons ! (bis.)
Que notre accord fasse trembler les rois.

Ne soyons qu'un peuple de frères !
Unissons-nous , serrons nos rangs ;
Pour devise , sur nos bannières ,
Qu'il soit inscrit : *Guerre aux tyrans !*
Marquons l'époque de notre ère
Du sceau de la fraternité ,
En proclamant la liberté
De la France , elle est notre mère.
    Debout , etc.

Lorsque le trône est dans la boue
Reprenons notre tablier,
Le marteau , la pioche et la houe ,
Que chacun rentre à l'atelier.
Mais si parfois des canonnades
Nous menaçaient à l'étranger,
Sans nous effrayer du danger,
Souvenons-nous des barricades.
    Debout , etc.

Ne formons qu'une seule armée,
Peuple Français républicain,
Depuis longtemps ta renommée
Intimide les souverains.
La capitale est un cratère
Qui, dans une commotion,
Quand elle fait irruption,
Ébranle les rois de la terre.

    Debout, etc.

Lettre d'Adieu.

Air de l arifla.

Je t'écris, ma Suzon,
Le cœur en pamoison ;
Mais notre liaison
Ne serait plus d'saison.

REFRAIN.

Ah ! quel bacchanal,
La peau m'en fait mal ;
Foi d'municipal,
J'suis enguignonné,
J'ai trop étrenné :
Dieu ! qu'on m'a tanné.

Un beau matin Guizot,
Ah ! le brigand d'magot ;
Nous dit : Jouez gros,
Paris paiera l'écot.
    Ah ! quel, etc.

Nous jetons vingt bravos
Les croyant à propos,
Et Paris peu dispos
Nous tarauda les os.
    Ah ! quel, etc.

Ton fidèle Tir-sur-Tous
Pleure ses trente-trois sous,
Car tous les gars d'chez nous
Seront faits tourlourous.
    Ah ! quel, etc.

Plus de bal chez Grados
Quand nous avions.
Mets au coup tes joyaux,
Châles, crispins, chapeaux.
Ah ! quel, etc.

Adieu donc, mon bichon,
Ton *cipal* folichon,
Battu, rossé, vaincu,
Peut bien être cocu.
Ah ! quel, etc.

Le comte de Paris a son Grand-père

OU LA PELLE AU C...

Ah ! mon cher et grand-papa,
Dis-moi donc pourquoi ça   (bis.)
J'ons quitté la France,
Que le Parisien en émoi
Ne veut plus du tout d'toi.   (bis.)
   Ni de la régence,
   Dis-moi la vérité,
Pourquoi qu'étant si rusé,
Qu'en trois jours j'avons eu
Tous la pelle au... dos.

Tu veux savoir le pourquoi,
Cela n'est pas difficile,
Je me croyais un grand roi
Je n'étais qu'un imbécile.
Comm' Charles X, mon cousin,
J'avais promis à la France
Plus de beurre que de pain,
C'est c' qui caus' not' déchéance.   Ah ! etc.

Au peuple j'avais juré
En Juillet mil huit cent trente,
Qu' la Charte s'rait une vérité,
Mais j'ai trompé son attente.
A force d'avoir vexé
Les Français par mes bravades,
Ils m'ont enfin détrôné
Par le feu d'leurs barricades.   Ah ! etc.

Avec la corruption
J'avais gagné bien des hommes,
Mais la chienn' d'opposition
Vite en vanta les réformes ;
Sans ell' j'aurais gouverné
Toute la France à ma guise,
Mais le vingt-deux février
Renversa mon entreprise.   Ah ! etc.

J'avais bien pour défenseur
D' mes lois anti-nationales,
Mais l' Parisien n'eût pas peur
D' ma garde municipale,
Elle s'est trouvé battu
Par tout le peuple en colère,
Puis, au lieu d'être absolu,
J'avons la pelle au ... derrière.
Ah ! mon cher, etc.

L'Ouvrier.

Air de la Lionne.

Depuis longtemps, oui, je suis sans ouvrage,
Mais comment faire ? dites-le moi, hélas !
Car je le sens je n'ai plus de courage
Et tous les jours j'appelle le trépas.
De mes enfants je vois couler les larmes,
En me disant : père nous avons faim.
Je leur réponds calmez donc vos alarmes,
Demain peut-être vous aurez du pain.

Au temps jadis que j'étais dans l'aisance,
Parents, amis, tous venaient m'accueillir ;
Mais à présent je suis dans la souffrance,
Pas un ingrat ne vient me secourir.
Si vous donnez, l'on vous regarde en frère,
Et tout chacun vient vous serrer la main :
Mais maintenant je suis dans la misère,
Aucun, hélas ! ne vient m'offrir du pain.

Que voyez-vous dans toutes nos fabriques,
Venir s'offrir quantité d'étrangers,
Pour travailler à des prix très-modiques,
Et nous, Français, nous ne pouvons manger;

Les maîtres, à nous, bien souvent les préfère
Et nous regardent avec un froid dédain,
Dans notre France que viennent-ils donc faire ?
Nous braver tous et manger notre pain.

Nous n'avons pas besoin dans notre France
Des étrangers pour faire nos travaux,
Non, car nos bras sont assez, je le pense,
Pour soulager nos peines et nos maux.
Qu'ils portent donc ailleurs leur industrie,
Et qu'ils nous laissent tranquille, car enfin,
Si tout chacun restait dans sa patrie,
Paisiblement on mangerait du pain.

Le Rêve d'une Vieille Femme.

Parodie du Rêve d'une Jeune Fille.

Air des Bleuets.

Vous dont un songe a gardé du jeune âge
Ces mots charmants qu'on vous disait un jour :
Femme sensible entends-tu le ramage
De ces oiseaux qui célèbrent l'amour ?
Tout ça c'est vieux quand soixante ans s'écoulent
On ne doit plus songer aux amoureux ;
En attendant que les oiseaux roucoulent,
Priez Jésus, vous ferez beaucoup mieux.

Vous qui croyez qu'un jeune homme regarde
Tous ces brillants qui forment vos atours
De vous aimer croyez bien qu'on se garde...
Qu'avez-vous donc pour charmer les amours ?
Un œil de verre, une fausse denture,
Un faux-toupet pour cacher vos cheveux ;
Plutôt que d'être une caricature,
Priez Jésus, vous ferez beaucoup mieux.

Pour nous tenter et paraître une grâce,
Vous retroussez le tour d'un faux mollet,
Du vermillon pour cacher votre crasse,
Puis du coton rempli votre corset ;
Sans un coussin vous n'auriez pas de hanches,
Comme un cabas tous vos ronds seraient creux ;
Songer plutôt à vos habits de planches :
Priez Jésus, vous ferez beaucoup mieux.

C'est en dormant qu'une vieille coquette
De son amant entendait les discours.
Se réveillant elle en perdit la tête,
Elle maudit le fard et les atours.
Deux jours après on vit chez la lingère
Les faux-mollets, l'œil et les faux cheveux ;
Et notre vieille, à genoux sur la pierre,
Priait Jésus et faisait beaucoup mieux.

Dialogue

ENTRE LOUIS-PHILIPPE ET GUIZOT.

REFRAIN. Louis-Philippe dit à Guizot :
    Vite il n'est pas trop tôt,   bis.
    Mal va notre affaire,
    Car le peuple parisien
    Trouv' que ça ne va pas bien   bis.
    D'puis la semaine dernière.
      Décampons. bis.
    Mieux vaut passer pour capon ;
      Décampons   bis.
    Ou gare au tampon.

    Guizot à Louis-Philippe.

    Polignac et Peyronnet
    L'ont échappé, Dieu sait comme,
    Mais toi qui n'as pas d'jarret
    File de peur qu'on te dégomme :

C'est tout c'qui peut t'arriver.
Tu sais que partout en France,
On voudrait t'voir esquivé :
Pars avant d'courir la chance.
Partons mon ami Guizot, etc.

Louis-Philippe à Guizot:

Souviens-toi bien du traité
Avec la reine d'Angleterre ;
T'as violé la liberté
Et trompé la France entière.
Combien serais-tu méchant
Si l'on prenait ta pâture,
Te batt'rais-tu sur-le-champ ?
Non ! j'prendrais vite une voiture.
Partons mon ami Guizot, etc.

Guizot à Louis-Philippe.

J'ai lu c'matin un p'tit mot
Dans l'Constitutionnel,
Il nous apprend qu'il f'ra chaud
Sous les murs de mon hôtel.
A moi le dernier Bourbon,
Ainsi qu'à mon ministère ;
Gare à nous ! c'est pour de bon,
Décampons avant l'affaire.
Partons mon ami Guizot, etc.

Les dernières espérances de Louis-Philippe.

Les fortifications
Sont-elles donc là pour des prunes ?

Guizot.

Non, mais les révolutions
Rétablissent les tribunes.
Fais appel à tes amis
Et plie bagage de suite,
Car les enfants de Paris
Nous donn'raient bien la poursuite.
Partons, etc.

Les Noces de mademoiselle Bocage.

PAROLES DE NOEL MOURET.

Air : Tic, tic et tac, Tin, tin. (DESAUGIERS).

Dieu ! qu' j'ai rigolé, qu' j'ai rigolé,
Au mariage de la fille à Bocage,
J'ai tant rigolé, tant rigolé,
Que sous la table; j' m'en suis rouler.

J' m'en souviens, c'était un lundi de Pâques,
Il gelait comme à la fête des Rois ;
Le futur était raid' comme un Jacques,
Sa p'tite femme avait des engelures aux doigts.

A l'église pour mettre l'anneau d'mariage,
Le futur poussait en clignant d' l'œil.
L'suiss' leur dit : mes enfants, du courage,
Dans huit jours il entrera tout seul.

Le repas fut vraiment magnifique ;
Trois canards aux pommes, un rôti d'veau,
Et le picton aurait coupé la chique
Aux abonnés du petit Ramponneau.

Sous la table, comme un lapin de gouttière,
Nicolas s'faufile, mais le nigaud,
Sous le g'nou cherche en vain la jarretière,
La mariée tout bas lui dit : plus haut !

A minuit, au milieu d'une danse,
La mariée jette un cri de douleur,
Connaissant la cause de sa souffrance,
L' fils du maire courut chez l'accoucheur.

Le mari faisait triste figure,
Quand son épouse lui dit en l'embrassant :
Des souffrances qu'aujourd'hui j'endure,
Je jure ici que t'es bien innocent.

Le marié dit : je suis fait au même,
Dans notre famille çà nous arrive à tous ;
On dit que mon père, le jour de mon baptême,
Disait voilà quinze jours que je suis époux.

Quand chacun eut bien rempli sa bosse,
Le matin ce fut une autre chanson,
Pour régler les dépenses de la noce,
On fut obligé de tirer le chausson.

ADIEUX DE LOUIS-PHILIPPE

AU PEUPLE FRANÇAIS.

Air : *Du curé de Pomponne.*

Je te quitte, grand Parisien ;
De Londres j'prends la route ;
J'te volais et je croyais bien
Que tu n'y voyais goutte ;
Mais tu t'aperçus de mes tours
Et tu m'fiches à la porte.
J'ai souhaité pendant les trois jours
Que le diable t'emporte.

Hélas ! tu n'veux plus d'royauté,
C'est un'bien drôl'de chose,
Si tu n'as pas ta liberté,
J'sais bien q'j'en suis la cause.
Mais c'maudit polisson d'Guizot,
Que j'croyais bon ministre,
Me fait faire un bien drôl'de saut :
Je crois que c'est un vrai cuistre.

Enfin, puisque tu n'veux plus d'moi,
Faut bien que j'quitte le trône ;
L'Anglais, qu'est plus généreux qu'toi,
Va p't-être me fair'l'aumône.
C' qui m'fait d'la peine c'est qu'pour jamais
Faut qu'j'abandonn'ma terre.
Je n'te gouvern'rai plus, bon Français ;
Faut qu'j'aille en Angleterre.

Oui, c'est une abomination,
Tout l'mond' s'en épouvante ;
J'aimais mieux la révolution
D'l'année mil huit cent trente,
Celui qui m'a mis à ce rang,
Maint'nant v'là qu'il m'en chasse
V'là pourtant c'que c'est d'êtr'tyran ;
Voyez par où que j'passe.

On m'fait souscrire à d'nouvelles lois ,
On n'veut pas que j'les viole ;
Ce mâtin de peuple gaulois
N'veut plus qu'je l'vole.
Faut avouer que d'puis dix-huit ans ,
V'là quelqu's millions que j'chippe
Maint'nant vous n's'rez plus, mes enfants,
Volés par Louis-Philippe.

La Fiancée d'Eloi.

Ref.   Maman, j'vas me marier,
C'est d'Eloi le marinier
Que je vas êtr' la femme,
Oui, c'est un charmant garçon,
Il est doux, il est bon,   bis.
C'est lui que j'réclame.
Vive Eloi, vive Eloi,
Vive Eloi qui veut bien de moi.
Vive Eloi, vive Eloi,
Eloi veut bien de moi.

Eloi sera mon mari,
Oui, déjà j'en suis jalouse,
Oui, c'est mon amant chéri,
C'est lui seul qui faut que j'épouse.
C'est le coq de nos jeun's gens,
Enfin c'est la bonté même,
Depuis qu'il sait qu'j'ai dix mille francs,
Vous n'savez pas comme il m'aime.
Maman, j'vas, etc.

Le p'tit Jean veut m'épouser ;
Mais il a perdu sa peine :
C'est d'main que j'vas le r'fuser,
Il n'navigue pas sur la Seine.
Dieu ! que mon destin est beau,
Pour le bonheur je m'embarque,
Quand j'voudrai m'promener sur l'eau
Eloi conduira la barque.
Maman, etc.

L'autre jour, près dn moulin,
J'le r'gardais qu'il faisait la planche,
Je glisse et je prends un bain
Toute habillée en dimanche ;
Eloi vient à mói vivement
Et me r'tire de la rivière.
Ce jour-là j'lui fis l' serment
D'l'épouser pour son salaire.
    Maman, etc.

  A la fête de chez uous,
Ah ! pour moi quel avantage,
Il passait pour mon époux
Dans les quatre coins du village.
J'étais fière d'être à son bras,
En m'prom'nant sous les charmilles.
Maman s'il n'm'épousait pas,
Vous auriez bientôt deux filles.
      Maman faut me marier,
      Car Eloi le marinier   bie.
      Me trotte dans l'âme,
    A lui seul je veux m'unir,
      Voilà tout mon désir,
      C'est luii qu m'enflamme.
      Vive Eloi, vive Eloi.
    Vous d'vez chanter avec moi,
      Vive Eloi, vive Eloi,
      Car il veut bien d'moi.

La Nouvelle Parisienne.

Air de la Parisienne de 1830.

La politique du système
Vient de finir par s'enferrer;
Des citoyens la voix suprême
L'oblige de se retirer.
Peuple français, de notre histoire
Conservons toujours la mémoire.
    Si nous combattons :
    Si nous triomphons ,
Il ne faut pas qu'un nouvel histrion
    Exploite la victoire.   bis.

La Nation a fait justice
Au roi Philippe égalité,
A ce tyran plein d'injustice
Va succéder la liberté.
Concitoyens de notre histoire,
Conservons toujours la mémoire ;
    Si , etc.

    Ennemis de la tyrannie ,
    Gouvernement improvisé
    Soyez élu par la patrie ,
    Le gardien de la liberté.
Concitoyens , etc.

    Honneur à la brave jeunesse
    Des Ecoles et de Paris ,
    Voilà leur titre de noblesse :
    Ils sont défenseurs du pays.
Courage , vos rêves de gloire
Brilleront un jour dans l'histoire.
    Si , etc.

    Vive à jamais la République ,
    Peuple français soyons unis ;
    Plus de système monarchique ,
    Des peuples soyons les amis.
Concitoyens , etc.

    Embrassons nos amis sincères ,
    Les soldats de lex-royauté ;
    Gardes nationaux , nos frères ,
    En peuple de fraternité.
Concitoyens de notre histoire ,
Conservons toujours la mémoire ;
    La division
    Détruit l'union ,
Assurons intact à la Nation
    Le fruit de la victoire.

Nantes, imp. Busseuil.

LIBERTÉ, ÉGALITÉ, FRATERNITÉ

Chansons patriotiques.

LE CHANT DU DÉPART.

Des Colons Français

POUR L'ALGÉRIE.

Air des Girondins.

Si nous te quittons belle France,
L'espoir au loin guide nos pas.
Colons, nous avons l'espérance,
Qu'à nous toujours tu penseras.

REFRAIN. Partons pour l'Algérie,   bis.
    Soulageons le fardeau
    De la mère patrie.

Colons, pour défricher la terre
Du vieux sol arabe africain,
Notre tâche sera légère
En pensant que c'est pour ton bien.
Partons, etc.

Français, la gloire nous appelle :
A nous colons seuls appartient
De fonder la France nouvelle
Sous le drapeau qui nous soutient.

Adieu Paris la grande ville ,
Adieu nos amis , nos parents ,
C'est dans l'espoir de t'être utile
Que s'en éloignent tes enfants.
Partons, etc.

Le refrain de cette chanson appartient à un co-
lon parti au premier convoi. Les couplets de Va-
cherot.   Propriété de l'éditeur.

CHOEUR DES GIRONDINS.

Air : *Duchevalier de Maison Rouge.*

Par la voix du canon d'alarme
La France appelle ses enfants.
Allons ! dit le soldat, aux armes ,
C'est ma mère , je la défends.

Mourir pour la patrie !   (bis.)
C'est le sort le plus beau, le plus digne d'envie,(bis.)

Nous amis qui loin des batailles
Succombons dans l'obscurité ,
Vouons du moins nos funérailles
A la France , à la liberté.
Mourir , etc.

Courons sur ces hordes d'esclaves
Qui veulent nous donner des fers ;
Prouvons-leur qu'un peuple de braves
Peut vaincre à lui seul l'univers.
Mourir , etc.

Pour garder notre indépendance ,
Aux combats, Français, volons tous.
Que les ennemis de la France ,
Vaincus, tombent à nos genoux.
Mourir , etc.

Aux armes ! vengeons la patrie !
La patrie , hélas ! en danger ;
Pour elle risquons notre vie.
Aux armes ! courons la venger.
Mourir , etc.

Frères, abdiquons l'espérance

Demain , nous allons périr.
Adieu mère , amis , adieu France ,
Ponr toi , tes enfants vont mourir.
    Mourir , etc.

    Mon Dieu , de la voûte azurée ,
Toi qui vois le fond de notre cœur ,
Pour une déesse adorée
Nous tombons et chantons en vainqueur ;
    Mourir , etc.

    Donnons-nous le baiser de frère ,
Nos cœurs s'entrelaceront demain ;
Le fer qui nous creuse la terre
Du ciel nous ouvre le chemin.
    Mourir , etc.

La Marseillaise.

    Allons , enfants de la Patrie ,
Le jour de gloire est arrivé ;
Contre nous de la tyrannie
L'étendard sanglant est levé.   (bis)
Entendez-vous dans ces campagnes
Mugir ces féroces soldats :
Ils viennent jusque dans vos bras
Egorger vos fils et vos compagnes !....
Aux armes, citoyens ! formez vos bataillons !
    Marchons , marchons !
Qu'un sang impur, abreuve nos sillons !

    Que veut cette horde d'esclaves ,
De traîtres , de rois conjurés ?
Pour qui ces ignobles entraves ,
Ces fers dès longtemps préparés ? (bis.)
Français , pour nous , ah ! quel outrage !
Quels transports il doit exciter !
C'est nous qu'on ose méditer
De rendre à l'antique esclavage !
    Aux armes , citoyens ! etc., etc.

    Quoi ! des cohortes étrangères
Feraient la loi dans nos foyers ?
Quoi ! des phalanges mercenaires

Terrasseraient nos fiers guerriers ? (bis.)
Grand Dieu ! par des mains enchaînées
Nos fronts sous le joug se ploieraient
De vils despotes deviendraient
Les maîtres de nos destinées !....
    Aux armes, citoyens ! etc. , etc.

    Tremblez, tyrans, et vous perfides,
L'opprobre de tous les partis ;
Tremblez ! vos projets parricides
Vont enfin recevoir leur prix !... (bis.)
Tout est soldat pour vous combattre ;
S'ils tombent nos jeunes héros,
La terre en produit de nouveaux
Contre vous tout prêts à se battre !...
    Aux armes, citoyens ! etc. , etc.

    Français, en guerriers magnanimes,
Portez ou retenez vos coups ;
Epargnez ces tristes victimes
A regret s'armant contre nous ;   (bis)
Mais ces despotes sanguinaires,
Mais les complices de Bouillé,
Tous ces tigres qui sans pitié.
Déchirent le sein de leurs mères !...
    Aux armes, citoyens ! etc., etc.

    Nous entrerons dans la carrière
Quand nos aînés n'y seront plus,
Nous y trouverons leur poussière
Et la trace de leurs vertus !   (bis.)
Bien moins jaloux de leur survivre
Que de partager leur cercueil,
Nous aurons le sublime orgueil
De les venger ou de les suivre !...
    Aux armes, citoyens, etc., etc.

    Amour sacré de la Patrie,
Conduis, soutiens nos bras vengeurs ;
Liberté, liberté chérie,
Combats avec tes défenseurs !   (bis.)
Sous nos drapeaux que la victoire
Accoure à tes mâles accents ;
Que tes ennemis expirants

Le bon vieillard,

OU LES DEUX ORPHELINS DE JUIN.

SUJET HISTORIQUE.

Paroles de J. A. Sénéchal.

Air de la Lionne.

Près de Paris , dans un petit village ,
Deux innocents priaient près d'une croix ,
Je m'approchais , contemplant cette image ,
Et je leur dis d'une assez douce voix :
Vous priez Dieu , Dieu la puissance même ,
Pourquoi ces pleurs , quels sont donc vos chagrins
Nous invoquons ce Dieu , l'Etre-Suprême ,
Qu'il prenne pitié des enfants orphelins.

Quoi ! mes enfants , vous n'avez plus de mère ,
Mais dites-moi d'où vous vient ce malheur ?
Bien jeune encor la mort prit notre père
Et nous laissa moi, ma mère et ma sœur.
Mais dans Paris , ô fatale journée !
La guerre civile régnait chez les humains ,
Là nous perdîmes notre mère adorée :
Prenez pitié des enfants orphelins.

Dans un quartier l'un des plus populaires ,
Tremblant de faim et gémissant d'effroi ,
Affreux malheur ! la bombe meurtrière
Brisa le mur et vient foncer le toit.
Nous nous sauvions quand une fusillade

Frappa ma mère et lui perça le sein,
Elle tomba près d'une barricade
En nous disant : adieu, pauvres orphelins,
    Ma pauvre sœur ignorant ce silence,
Lui dit encore : relève-toi, maman.
Ne voulant pas effrayer l'innocence,
Je ne dis rien, je regarde en pleurant.
L'illusion me fit appeler ma mère,
Il me semblait qu'elle étendait ses mains,
Mais elle avait abandonné la terre,
Prenez pitié ces enfants orphelins.

Humanité du bon vieillard.

    Eh bien venez, venez dans ma chaumière,
Dit ce vieillard, moi je vous nourrirai ;
Je prends pitié de votre humble misère.
Vos parents morts, je les remplacerai.
Dieu seul est bon, c'est lui qui m'encourage
Disant ces mots, il les prit par les mains.
Depuis ce jour, dans ce petit village,
Vivent heureux les enfants orphelins.

Propriété de l'éditeur.

LE CHANT DU DÉPART

D'UN ROI DÉGOMMÉ.

Sur l'air du tra déri, déra, là, là, la.

    Louis-Philippe en colère,
Dit à l'ami Guizot :
Allez, laisse-moi faire,
Vous êtes un gros sot ;
Il faut que je leur fasse
Un tour un peu bien fait,
Que j'emporte la masse,
Le cordon s'il vous plaît.
Sur l'air du tra, la, la, la,
Sur l'air du tra, la, la, la,
Sur l'air du tra déri, déra,
    La, la, la.

Guizot n'est pas trop bête, Avouons-le tout bas;

Il a pas mal de tête Et j'en fais un grand cas, A
lui les écritures ; Moi je fais mon paquet, Et
charge mes voitures de l'argent du budget.
Sur l'air du tra, etc.

Que le peuple est canaille, De m'avoir fait cela. Laissons la c'te racaille, Ils ne sont bons qu'à
cela. Pour moi, je prends ma route, Je vais dans
le désert, Prendre, coûte que coûte, La place
d'Abd--el-Kader.
Sur l'air du tra, etc.

D'Orléans la duchesse Va donc aller à pied, Je
lui laisse l'adresse de mon ancien bottier. Qu'elle
cherche un royaume Pour son jeune moutard,
Mais je crois que le môme arrivera trop tard.
Sur l'air du tra, etc.

Enfants, que la morale Suive la conclusion,
C'est le fait du scandale De la révolution. Tout en
fumant vot' pipe, Si vous n'êtes pas content. Rappelez Louis-Philippe, Il vous sera constant.
Sur l'air du tra, etc.

LE VAISSEAU LE VENGEUR

ÉPISODE DE 1793.

L'amiral Villaret-Joyeuse
Venait de quiter le port de Brest.
L'escadre cinglait au Sud-Est ;
La mer était un peu houleuse,
Pour chercher un convoi sauveur,
Apportant des blés d'Amérique.
Des marins de la République
Montaient le vaisseau le Vengeur !

Le onze, un gabié de vigie
S'écria voiles sous le vent,
L'escadre se trouvait devant,
La flotte anglaise est réunie ;
D'un brouillard la sombre épaisseur,
Couvrait l'Océan atlantique.
Des marins, etc.

Deux jours après , dans ces parages ,
Brillait un soleil radieux
Et nos matelots tout joyeux ,
Se groupaient dans les batingages.
En avant , les nôtres en chœur ,
Ont répété ces mots magiques :
(Vaincre ou mourir.)
Des marins , etc,

Aussitôt le combat commence ,
Le destin s'apprête au succès ,
Et pour le fixer , les Anglais ,
Jettent du fer dans la balance ,
Les Français , au fer ravageur ,
Opposent un courage héroïque.
Des marins , etc.

Sur la vague cent boulets glissent,
Et les mâts tombent brisés ;
Et de mourants et de blessés
La cale et l'entrepont s'emplissent ;
Plus la science y met d'ardeur ,
Plus la défense est énergique.
Des marins , etc.

Adieu nos pères et nos mères ,
Adieu nos frères et nos sœurs ,
Adieu tous pour vous, défenseurs ,
Ne versez de larmes amères ;
Pourtant dressez en notre honneur ,
La verte couronne civique.
Au cri ; vive la République !
Sombra le vaisseau le Vengeur.

Au Panthéon , sublime ouvrage !
Plus tard, le peuple souverain,
Fit graver en or , sur l'airain ,
Tous les noms de son équipage ,
Son aspect moins haut en grandeur
Fut suspendu sous le portique ,
Des marins , etc.

Toulon. — Imp. Nationale Vᵉ BAUME , rue de l'Arsenal, 17.

Voient ton triomphe et notre gloire !...
Aux armes, citoyens ! formez vos bataillons !
Marchons , marchons !
Qu'un sang impur , abreuve nos sillons !

Louis-Napoléon,

REPRÉSENTANT DU PEUPLE ,

Elu le 21 septembre 1848.

Air des Girondins.

Les élections de septembre
A tout citoyen font honneur ,
On vient d'appeler à la chambre
Le neveu du grand empereur.

REFRAIN. Chantez, fils de la France ,
Louis-Napoléon ramène l'espérance.
Enfant de la mère patrie
Ne nous quitte plus désormais ,
Tu dois passer ta noble vie
Au milieu du peuple français. Chantez , etc.

Ton nom sut se couvrir de gloire,
Ton nom fit trembler plus d'un roi ;
Il manque une page à l'histoire ,
Cher enfant, nous comptons sur toi.
Chantez, etc.

Ouvre-nous une ère nouvelle ,
Que pour nous le soleil ait lui.
Quand c'est le peuple qui t'appelle
Tu dois lui prêter ton appui.
Chantez , etc,

A bas le sceptre et la couronne ,
Vive à jamais la liberté.
On retrouve dans ta personne
Le soutien de la pauvreté.
Chantez , etc.   VICTOR GAUCHER.

Propriété de l'éditeur.

L'Archevêque de Paris.

Air de la Lionne *ou de* Vive Paris.

Voyez, voyez ce funèbre cortége ,
C'est l'Archevêque... amis, découvrons-nous ;
Victime hélas !... d'un combat sacrilége ,
Il est tombé pour le bonheur de tous ,
Dans ces erreurs , ces luttes meurtrières ,
Il ne voyait ni vainqueurs, ni vaincus ,
Il s'écriait : tous les hommes sont frères.
    Pleurons ! l'Archevêque n'est plus !

Homme de cœur , bravant les fusillades ,
Il affronta les plus sanglants combats ,
Et franchissaut barrières , barricades},
Il bénissait insurgés et soldats :
Il murmurait : c'est Dieu que l'on outrage,
Du créateur vous êtes les élus ;
Dieu ne veut pas qu'on brise son ouvrage ,
    Pleurons ! l'Archevêque n'est plus !

Paris , alors subissait le carnage ,
D'un tel malheur son cœur s'offusquait ,
Il se disait , lui , que le vrai courage
N'est pas toujours la balle d'un mousquet ,
En procédant par la guerre civile,
Souvent la haine enfante des abus.
Aimez-vous bien , aimer est si facile....
Pleurons ! l'Archevêque n'est plus !

Soldat du Christ, fort mal qu'il apaise.
Il élévait un crucifix d'argent ,
Nouveau Jésus , une balle française ,
En l'immolant , solde son dévouement ;
Il tombe et dit : « Enfants, que la clémence
« Du sang français arrête enfin le flux.
« Puisse ma mort être utile à la France ! »
    Pleurons ! l'Archevêque n'est plus !

Il est tombé !... Sa blessure est mortelle...
Le ciel s'entrouvre au bon Samaritain.

L'ange de mort a , du bout de son aile ,
Touché son front !... le prélat s'est éteint...
Sur son tombeau le sculpteur pourra mettre
Ces quelques mots qui par nous lui sont dus ;
Grand citoyen, honnête homme et bon prêtre.
Pleurons ! l'Archevêque n'est plus !

Gustave Leroy.

Barricades.

Air : Mourons pour la patrie.

Trop longtemps la France asservie
A vu décimer ses enfants ;
Mais libre , enfin , notre patrie
Brisa le sceptre des tyrans.
    Chantons , garde civique ,   bis.
    La victoire est à nous ;
    Vive la République

Nos mains ne portaient pas d'entraves Quand
le Créateur les forma. Mourons plutôt que d'être
esclaves Puisque le bon droit nous arma. Chantons , etc.

Sous un odieux ministère Un roi parjure à ses
serments Voulait, dans une vie austère Etouffer nos mâles accents. Chantons, etc.

Le régime anti-radical Par notre sang fut
effacé , Celui d'un bonheur sans égal , Frères ,
pour nous a commenc . Chantons, etc.

Déjà Pie, de l'Italie , A fait un peuple indépendant ; Pour renverser la tyrannie, La Suisse
est là qui se défend , Chantons, etc.

Demain l'heure de la délivrance Pour tous les
peuples sonnera ; Tyrans ! place à l'indépendance , La liberté nous conduira. Chantons, etc.

Propriété de l'auteur.

APPEL AU PEUPLE.

23 Février 1848.

Air : *Des Girondins.*

Citoyens de la belle France
On attaque vos libertés !
Voici l'heure de la vengeance !
Châtions les iniquités.
Pour venger la patrie ;   bis.
Frères, combattons tous et donnons notre vie.

Un roi, soi-disant populaire,
Nous abusa trop longtemps ;
Renversons l'indigne faussaire
Qui viola tous ses serments. Pour venger, etc.

En ce jour, la France en alarmes,
Nous réclame comme autrefois !
Citoyens, allons vite aux armes,
Pour défendre nos droits. Pour venger, etc.

Au combat il faut sans contrainte,
Amis courir avec transport,
Le succès d'une cause sainte,
Dépend d'un belliqueux accord. Pour, etc.

Enfants des écoles de France,
L'effroi de la venalité,
Venez à nous, votre présence,
Guida toujours la liberté. Pour venger, etc.

O vous, citoyens de tout âge,
Le nom de sauveur du pays,
A votre sublime courage,
L'histoire a réservé ce prix. Pour, etc.

Et vous, rois pusillanimes,
Qui décimez tous vos états,
Pour payer le sang des victimes
Vos royaumes ne suffiraient pas. Pour, etc.

Auguste LEMASSON.

Toulon. — Imprim. de Mme v^e BAUME, rue de l'Arsenal, 17.

LIBERTÉ, ÉGALITÉ, FRATERNITÉ

Chansons patriotiques.

CHOEUR DES GIRONDINS.

Air : *Du chevalier de Maison Rouge.*

Par la voix du canon d'alarme
La France appelle ses enfants.
Allons ! dit le soldat, aux armes,
C'est ma mère, je la défends.

Mourir pour la patrie !   (bis.)
C'est le sort le plus beau, le plus digne d'envie, (bis.)

Nous amis qui loin des batailles
Succombons dans l'obscurité,
Vouons du moins nos funérailles
A la France, à la liberté.
Mourir, etc.

Courons sur ces hordes d'esclaves
Qui veulent nous donner des fers ;
Prouvons-leur qu'un peuple de braves
Peut vaincre à lui seul l'univers.
  Mourir , etc.

Pour garder notre indépendance ,
Aux combats, Français . volons tous.
Que les ennemis de la France .
Vaincus, tombent à nos genoux.
  Mourir , etc.

Aux armes ! vengeons la patrie !
La patrie , hélas ! en danger ;
Pour elle risquons notre vie.
Aux armes ! courons la venger.
  Mourir , etc.

Frères, abdiquons l'espérance ,
Demain , nous allons périr.
Adieu mère , amis , adieu France ,
Pour toi , tes enfants vont mourir.
  Mourir , etc.

Mon Dieu , de la voûte azurée ,
Toi qui vois le fond de notre cœur ,
Pour une déesse adorée
Nous tombons et chantons en vainqueur ;
  Mourir , etc.

Donnons-nous le baiser de frère ,
Nos cœurs s'entrelaceront demain ;
Le fer qui nous creuse la terre
Du ciel nous ouvre le chemin.
  Mourir , etc.

La Marseillaise.

Allons, enfants de la Patrie ,
Le jour de gloire est arrivé ;
Contre nous de la tyrannie
L'étendard sanglant est levé.   (bis)
Entendez-vous dans ces campagnes

Mugir ces féroces soldats :
Ils viennent jusque dans vos bras
Égorger vos fils et vos compagnes !....
Aux armes, citoyens ! formez vos bataillons !
Marchons , marchons !
Qu'un sang impur, abreuve nos sillons !

Que veut cette horde d'esclaves ,
De traîtres , de rois conjurés ?
Pour qui ces ignobles entraves,
Ces fers dès longtemps préparés ? (bis.)
Français . pour nous , ah ! quel outrage !
Quels transports il doit exciter !
C'est nous qu'on ose méditer
De rendre à l'antique esclavage !
    Aux armes , citoyens ! etc. , etc.

Quoi ! des cohortes étrangères
Feraient la loi dans nos foyers ?
Quoi ! des phalanges mercenaires
Terrasseraient nos fiers guerriers ? (bis.)
Grand Dieu ! par des mains enchaînées
Nos fronts sous le joug se ploieraient
De vils despotes deviendraient
Les maîtres de nos destinées !....
    Aux armes , citoyens ! etc. , etc.

Tremblez, tyrans , et vous perfides ,
L'opprobre de tous les partis ;
Tremblez ! vos projets parricides
Vont enfin recevoir leur prix !... (bis.)
Tout est soldat pour vous combattre ;
S'ils tombent nos jeunes héros ,
La terre en produit de nouveaux
Contre vous tout prêts à se battre !...
    Aux armes, citoyens ! etc. , etc.

Français , en guerriers magnanimes ,
Portez ou retenez vos coups ;
Epargnez ces tristes victimes
A regret s'armant contre nous ;   (bis)
Mais ces despotes sanguinaires ,

Mais les complices de Bouillé,
Tous ces tigres qui sans pitié.
Déchirent le sein de leurs mères !...
  Aux armes, citoyens ! etc. , etc.

  Nous entrerons dans la carrière
Quand nos aînés n'y seront plus ,
Nous y trouverons leur poussière
Et la trace de leurs vertus !   (bis.)
Bien moins jaloux de leur survivre
Que de partager leur cercueil ,
Nous aurons le sublime orgueil
De les venger ou de les suivre !...
  Aux armes , citoyens, etc. , etc.

  Amour sacré de la Patrie ,
Conduis, soutiens nos bras vengeurs ;
Liberté , liberté chérie ,
Combats avec tes défenseurs !   (bis.)
Sous nos drapeaux que la victoire
Accoure à tes mâles accents ;
Que tes ennemis expirants
Voient ton triomphe et notre gloire !...
Aux armes, citoyens ! formez vos bataillons !
  Marchons , marchons !
Qu'un sang impur, abreuve nos sillons !

APPEL AU PEUPLE.
23 Février 1848.

Air : *Des Girondins.*

Citoyens de la belle France
On attaque vos libertés !
Voici l'heure de la vengeance !
Châtions les iniquités.
  Pour venger la patrie ;   bis.
Frères, combattons tous et donnons notre vie.

  Un roi , soi-disant populaire ,
Nous abusa trop longtemps ;
Renversons l'indigne faussaire
Qui viola tous ses serments. Pour venger, etc.

En ce jour, la France en alarmes,
Nous réclame comme autrefois !
Citoyens, allons vite aux armes,
Pour défendre nos droits. Pour venger, etc.

    Au combat il faut sans contrainte,
Amis courir avec transport,
Le succès d'une cause sainte,
Dépend d'un belliqueux accord. Pour, etc.

    Enfants des écoles de France,
L'effroi de la venalité,
Venez à nous, votre présence,
Guida toujours la liberté. Pour venger, etc.

    O vous, citoyens de tout âge,
Le nom de sauveur du pays,
A votre sublime courage,
L'histoire a réservé ce prix. Pour, etc.

    Et vous, rois pusillanimes,
Qui décimez tous vos états,
Pour payer le sang des victimes
Vos royaumes ne suffiraient pas. Pour, etc.

          Auguste LEMASSON.

LE CHANT DU DÉPART

D'UN ROI DÉGOMMÉ.

Sur l'air du tra déri, déra, là, là, la.

    Louis-Philippe en colère,
Dit à l'ami Guizot :
Allez, laisse-moi faire,
Vous êtes un gros sot ;
Il faut que je leur fasse
Un tour un peu bien fait,
Que j'emporte la masse,
Le cordon s'il vous plaît.
Sur l'air du tra, la, la, la,
Sur l'air du tra, la, la, la,
Sur l'air du tra déri, déra,
    La, la, la.

Guizot n'est pas trop bête, Avouons-le tout bas;
Il a pas mal de tête Et j'en fais un grand cas , A
lui les écritures ; Moi je fais mon paquet, Et
charge mes voitures de l'argent du budget.
Sur l'air du tra , etc.

Que le peuple est canaille , De m'avoir fait cela. Laissons là c'te racaille , Ils ne sont bons qu'à
cela. Pour moi, je prends ma route, Je vais dans
le désert , Prendre , coûte que coûte , La place
d'Abd--el-Kader.
Sur l'air du tra , etc.

D'Orléans la duchesse Va donc aller à pied, Je
lui laisse l'adresse de mon ancien bottier. Qu'elle
cherche un royaume Pour son jeune moutard ,
Mais je crois que le môme arrivera trop tard.
Sur l'air du tra, etc.

Enfants , que la morale Suive la conclusion ,
C'est le fait du scandale De la révolution. Tout en
fumant vot' pipe, Si vous n'êtes pas content. Rappelez Louis-Philippe , Il vous sera constant.
Sur l'air du tra , etc.

LE VAISSEAU LE VENGEUR

ÉPISODE DE 1793.

L'amiral Villaret-Joyeuse
Venait de quiter le port de Brest.
L'escadre cinglait au Sud-Est ;
La mer était un peu houleuse ,
Pour chercher un convoi sauveur ,
Apportart des blés d'Amérique.
Des marins de la République
Montaient le vaisseau le Vengeur !

Le onze , un gabié de vigie
S'écria voiles sous le vent ,
L'escadre se trouvait devant ,
La flotte anglaise est réunie;
D'un brouillard la sombre épaisseur ,
Couvrait l'Océan atlantique.
Des marins . etc.

Deux jours après , dans ces parages ,
Brillait un soleil radieux
Et nos matelots tout joyeux ,
Se groupaient dans les batingages.
En avant , les nôtres en chœur ,
Ont répété ces mots magiques :
(Vaincre ou mourir.)
Des marins , etc,

Aussitôt le combat commence ,
Le destin s'apprête au succès ,
Et pour le fixer , les Anglais ,
Jettent du fer dans la balance ,
Les Français , au fer ravageur ,
Opposent un courage héroïque.
Des marins , etc.

Sur la vague cent boulets glissent,
Et les mâts tombent brisés ;
Et de mourants et de blessés
La cale et l'entrepont s'emplissent ;
Plus la science y met d'ardeur ,
Plus la défense est énergique.
Des marins , etc.

Adieu nos pères et nos mères ,
Adieu nos frères et nos sœurs ,
Adieu tous pour vous, défenseurs ,
Ne versez de larmes amères ;
Pourtant dressez en notre honneur ,
La verte couronne civique.
Au cri ; vive la République !
Sombra le vaisseau le Vengeur.

Au Panthéon , sublime ouvrage !
Plus tard, le peuple souverain ,
Fit graver en or , sur l'airain ,
Tous les noms de son équipage ,
Son aspect moins haut en grandeur
Fut suspendu sous le portique ,
Des marins , etc.

LES BOEUFS.

J'ai deux grands bœufs dans mon étable ,
Deux grands bœufs blancs marqués de roux ;
La charrue est en bois d'érable ,
Et l'aiguillon en bois de houx.
C'est par leurs soins qu'on voit la plaine
Verte l'hiver , jaune l'été ;
Ils gagnent dans une semaine
Plus d'argent qu'ils. m'en ont coûté ,
    S'il me fallait les vendre
    J'aimerais mieux me pendre,

J'aime Jeanne, ma femme, eh bien! j'aimerai mieux
La voir mourir que voir mourir mes bœufs.

Il faut les voir les belles bêtes ,
Creuser profond et tracer droit ,
Malgré la foudre et la tempête ,
Qu'il fasse chaud , qu'il fasse froid ,
Lorsque je fais halte pour boire
Un brouillard sort de leurs naseaux ,
Et sur leurs jolies cornes noires
Voltigent les petits oiseaux.
    S'il me fallait , etc.

Ils sont forts comme un pressoir d'huile ,
Ils sont doux comme des moutons ;
Tous les ans on vient de la ville
Les marchander dans nos cantons ,
Pour les mener aux Tuileries ,
Le mardi-gras , devant le roi ,
Et puis de là aux boucheries......
Je ne veux pas , ils sont à moi.
    S'il me fallait , etc.

Quand notre fille sera grande ,
Si le fils de notre régent

En mariage la demande,
Je lui promets tout mon argent ;
Mais s'il exige qu'on lui donne
Les grands bœufs blancs tachés de roux,
Ma fille laisse ta couronne
Et ramenons nos bœufs chez nous....
    S'il me fallait, etc.

LA FAVORITE.

Viens, viens, je cède éperdu
Au transport qui m'énivre   bis.
Ton amour, ton amour m'est rendu,
Pour t'aimer, pour t'aimer je veux vivre.
Ah ! viens j'écoute en mon cœur
Une voix, une voix qui me crie :
Ah ! va dans une autre patrie !
Va cacher ton bonheur.

O transport, c'est mon rêve perdu
Qui rayonne et m'énivre,   bis.
Son amour, son amour m'est rendu,
Mon Dieu, laisse-moi vivre ;
O mon Dieu ! ô mon Dieu ?
J'abandonne mon cœur
A la voix qui me crie :
Ah ! va dans une autre patrie,
Va cacher ton bonheur.   bis.

Vois-tu que ces moines jaloux
Vont saisir leur victime ;   bis.
Ils sont là, ils sont là près de nous ;
Mais quel que soit mon crime ;   bis.
J'abandonne, j'abandonne mon sort,
A la voix, à la voix qui me crie :
Va dans une autre patrie,
Va cacher ton bonheur.   bis.

L'Archevêque de Paris.

Air de la Lionne *ou de* Vive Paris.

Voyez, voyez ce funèbre cortége ,
C'est l'Archevêque... amis, découvrons-nous ;
Victime hélas !... d'un combat sacrilége ,
Il est tombé pour le bonheur de tous ,
Dans ces erreurs , ces luttes meurtrières ,
Il ne voyait ni vainqueurs , ni vaincus ,
Il s'écriait : tous les hommes sont frères.
 Pleurons ! l'Archevêque n'est plus !

Homme de cœur , bravant les fusillades ,
Il affronta les plus sanglants combats ,
Et franchissant barrières , barricades ,
Il bénissait insurgés et soldats :
Il murmurait : c'est Dieu que l'on outrage ,
Du créateur vous êtes les élus ;
Dieu ne veut pas qu'on brise son ouvrage ,
 Pleurons ! l'Archevêque n'est plus !

Paris , alors subissait le carnage ,
D'un tel malheur son cœur s'offusquait ,
Il se disait , lui , que le vrai courage
N'est pas toujours la balle d'un mousquet ,
En procédant par la guerre civile ,
Souvent la haine enfante des abus.
Aimez-vous bien , aimer est si facile....
Pleurons ! l'Archevêque n'est plus !

Soldat du Christ , fort mal qu'il apaise.
Il élévait un crucifix d'argent ,
Nouveau Jésus , une balle française ,
En l'immolant , solde son dévouement ;
Il tombe et dit : « Enfants, que la clémence
« Du sang français arrête enfin le flux.
« Puisse ma mort être utile à la France ! »
 Pleurons ! l'Archevêque n'est plus !

Il est tombé !... Sa blessure est mortelle...
Le ciel s'entrouvre au bon Samaritain.

L'ange de mort a , du bout de son aile ,
Touché son front !... le prélat s'est éteint...
Sur son tombeau le sculpteur pourra mettre
Ces quelques mots qui par nous lui sont dus :
Grand citoyen, honnête homme et bon prêtre.
Pleurons ! l'Archevêque n'est plus !

Gustave Leroy.

DIALOGUE

ENTRE LOUIS–PHILIPPE ET GUIZOT.

Air : De vive le roi.

Refrain. Louis-Philippe, dit à Guizot : Vite il n'est pas trop tôt (bis.) Mal va notre affaire. Car le peuple parisien Trouv' que ça ne va pas bien (bis). D'puis la semaine dernière. Décampons (bis). Mieux vaut passer pour capon. Décampons (bis.) On gare au tampon.

Guizot à Louis-Philippe. = Polignac et Peyronnet L'ont échappé, Dieu sait comme , Mais toi qui n'a plus d'jarret. File de peur qu'on te dégomme : C'est tout c' qui peut arriver. Tu sais que partout en France On voudrait te voir esquivé : Pars avant d'courir la chance. Partons mon ami Guizot.

Louis-Philippe à Guizot. — Souviens-toi bien du traité Avec la reine d'Angleterre ; T'as violé la liberté Et trompé la France entière. Combien serais-tu méchant Si l'on prenait ta pâture, Te battr'ais-tu sur le champ ? Non ! j'prendrais vite une voiture. Partons , etc.

Guizot à Louis-Philippe. — J'ai lu ce matin un p'tit mot dans le Constitutionnel. Il nous apprend qu'il fera chaud Sous les murs de mon hôtel. A moi le dernier Bourbon , Ainsi qu'à mon ministère ; Gare à nous ! c'est pour de bon, Décampons avant l'affaire. Partons , etc.

Les dernières espérances de Louis-Philippe. —

Les fortifications sont-elles donc là pour des prunes ?

Guizot. — Non, mais les révolutions Rétablissent les tribunes. Fais appel à tes amis. Et plie bagage de suite, Car les enfants de Paris. Nous donn'rait bien la poursuite. Partons, etc.

Barricades.

Air : *Mourons pour la patrie.*

Trop longtemps la France asservie
A vu décimer ses enfants ;
Mais libre, enfin, notre patrie,
Brisa le sceptre des tyrans.
    Chantons, garde civique,   bis.
    La victoire est à nous ;
    Vive la République

Nos mains ne portaient pas d'entraves Quand le Créateur les forma. Mourons plutôt que d'être esclaves Puisque le bon droit nous arma. Chantons, etc.

Sous un odieux ministère Un roi parjure à ses serments Voulait, dans une vie austère, Etouffer nos mâles accents. Chantons, etc.

Le régime anti-radical Par notre sang fut effacé, Celui d'un bonheur sans égal, Frères, pour nous a commencé. Chantons, etc.

Déjà Pie, de l'Italie, A fait un peuple indépendant ; Pour renverser la tyrannie, La Suisse est là qui se défend, Chantons, etc.

Demain l'heure de la délivrance Pour tous les peuples sonnera : Tyrans ! place à l'indépendance, La liberté nous conduira. Chantons, etc.

Propriété de l'auteur.

Toulon. — Imprim. de Mme ve BAUME, rue de l'Arsenal, 17.